Nektar der Unsterblichkeit

Nahrung von Bodhisattvas

D1640940

Edition
Mandarava

Alle Wesen zittern angesichts von Gefahr,
alle fürchten den Tod.
Wenn ein Mensch dies bedenkt,
tötet er nicht, noch veranlasst er,
dass getötet wird.

Alle Wesen empfinden Furcht vor Gefahr,
allen ist ihr Leben teuer.
Wenn ein Mensch dies bedenkt,
tötet er nicht, noch veranlasst er,
dass getötet wird.

Jener Mensch, der – um Glück zu erfahren –
andere, die sich ebenso Glück wünschen, verletzt,
wird in der Folge kein Glück erfahren.

Jener Mensch, der – um Glück zu erfahren –
andere, die sich ebenso wünschen,
glücklich zu sein, nicht verletzt,
wird in der Folge Glück erfahren.

Der Buddha

„Liebende Güte und die Offenheit des Geistes
verwirklichen alle Ziele:
eure eigenen und die der andern."

Shabkar Tsodruk Rangdrol (1781 – 1851)

Das abgebildete Thangka zeigt verschiedene Inkarnationen Shabkars.

„Im Buddhismus, sobald wir
Zuflucht genommen haben in den Dharma,
verpflichten wir uns aufzuhören
anderen Leid zuzufügen.

Wie könnte es sein, dass wir
den Prinzipien des Zufluchtnehmens nicht zuwiderhandeln,
wenn wir überall, wo wir hingehen,
zum Anlass der Tötung eines Tieres werden
und uns sein Fleisch und Blut schmecken lassen.

Insbesondere aber sollte man in der Bodhisattva-Tradition
des Großen Mahayana-Fahrzeuges annehmen,
dass wir für alle zahllosen fühlenden Lebewesen
ohne Ausnahme Zuflucht und Beschützer sind.

Für eben diese Wesen mit unglücklichem Karma,
die wir beschützen sollten,
fühlen wir nicht die kleinste Spur von Mitgefühl.
Stattdessen werden diese
unter unserem Schutz stehenden Wesen umgebracht,
ihr gekochtes Fleisch und Blut wird uns vorgesetzt,
und wir – ihre Beschützer, die Bodhisattvas –
schlingen es ausgelassen und
mit schmatzenden Lippen hinunter.
Was könnte schlimmer und grausamer sein als das?

Patrul Rinpoche (1808 – 1887)
aus: „Die Worte meines vollkommenen Lehrers"

Nektar der Unsterblichkeit

Nahrung von Bodhisattvas

Edition Mandarava
im Sequoyah Verlag

„Verlagshaus zum Wohle aller fühlenden Wesen"
Kalligraphie von S.H. dem XVII. Karmapa Urgyen Trinley Dorje

Shabkar Tsogdruk Rangdrol

Nektar der Unsterblichkeit

*Buddhistische Unterweisungen,
weshalb wir Tiere nicht essen sollten*

Nahrung von Bodhisattvas

*Übersetzt von der
Padmakara Übersetzergruppe*

Edition
Mandarava

Edition Mandarava
im Sequoyah-Verlag
Blättertal 9, A-2770 Gutenstein
0043-(0)2634-7417
info@sequoyah-verlag.at
www.edition-mandarava.at
www.sequoyah-verlag.at

Titel der Originalausgabe:
„Food for Bodhisattvas – Buddhist Teachings on Abstaining from Meat"
© 2004 Padmakara
Übersetzt von der Padmakara Übersetzergruppe
www.padmakara.com

Visuelle Gestaltung: Elisabeth Frischengruber
Redaktion: Sylvester Lohninger

Bildnachweis:
Cover-Titelseite und Rückseite:
Poträts von Shabkar von Chögyal Rinpoche gemalt, 1989
photographiert von Matthieu Ricard
Buchklappe hinten: Thangka-Detail aus Nyengya, Rekong; Photo von M. Ricard
Seite 3: Thangka-Darstellung von Shabkar und seinen früheren Inkarnationen:
Photo: Rafaele Demandre
Seite 6: „Buddha Shakyamuni – Sechs-Ornamente-Thron der Erleuchtung"
und andere Linien-Zeichnungen im Buch
von Robert Beer (www.tibetanart.com)
Seite 156: Photos von Shabkars Höhlen und Einsiedeleien: M. Ricard

1. Auflage 2012
© der deutschen Ausgabe: 2012 Sequoyah Verlag
Alle Rechte vorbehalten

Gedruckt in Österreich
Druck: Holzhausen Wien
Dieses Buch wurde auf chlor- und säurefreiem Papier gedruckt

ISBN 978 3-85466-071-2

Inhalt

Vorwort

von Taklung Tsetrul Pema Wangyal Rinpoche

Ich freue mich sehr darüber, dass die Padmakara-Übersetzergruppe diese wunderbaren Texte übersetzt hat. Lama Shabkar erinnerte uns daran, dass Tiere, Insekten und sogar Muscheln fühlende Wesen sind, und da ihnen allen ihr Leben teuer ist, verdienen sie ebenso wie wir Menschen, respektiert zu werden.

Wenn wir Buddhisten – und besonders, wenn wir meinen, uns auf dem Mahayana-Pfad zu befinden – im Einklang mit der Lehre Buddhas leben möchten, müssen wir, wie es immer wieder in den Texten gesagt wird, definitiv vermeiden, anderen Lebewesen zu schaden, sei es direkt oder indirekt. Das heißt, wir dürfen sie weder töten noch quälen noch andere dazu veranlassen.

Wenn wir uns auf den Weg des Dharma begeben, nehmen wir Zuflucht zu den Drei Juwelen mit den Buddhas und Bodhisattvas als Zeugen. Die Worte des Lehrers wiederholend sagen wir: „Ich nehme Zuflucht zum Dharma und gelobe, keinem einzigen Lebewesen Leid zuzufügen."

Danach können wir schwerlich so tun, als hätten wir das nicht gesagt, oder diese klaren Worte anders interpretieren.

Und so wünsche ich mir, dass wir Liebe und Mitgefühl für alle fühlenden Lebewesen entwickeln und jedes einzelne von ihnen wie unser eigenes, geliebtes Kind schätzen.

Wir widmen das Verdienst, das mit der deutschen Veröffentlichung von Shabkar's „Nektar der Unsterblichkeit" einhergeht wie auch mit der Schonung von Leben und Glück vieler unserer Tiergeschwister, die durch das Lesen und Überdenken von Buddha's und Shabkar's eindringlichen Worten zustandekommen möge, dem langen, wirkungsvollen Leben aller mitfühlenden Meister der Weisheits-Tradition Buddhas – und insbesondere dem langen Leben und Wirken des verehrungswürdigen Tenga Tulku, der alles gab und gibt, um den Wesen zu helfen, temporäres wie letztendliches Glück und Befreiung zu erfahren.

Einleitung und Überblick

Menschen, die wenig über den Buddhismus wissen, jedoch von dessen Lehren über Gewaltlosigkeit und Mitgefühl gehört haben, meinen oft, Buddhisten seien Vegetarier. Sie sind erstaunt und manchmal auch enttäuscht, zu entdecken, dass viele (jedoch bei weitem nicht alle) Buddhisten in Ost und West Fleisch essen. Abgesehen von den unterschiedlichen Faktoren, seien sie nun privaten oder sozialen Ursprungs, die das Verhalten der Einzelnen beeinflussen, ist die allgemeine Einstellung von Buddhisten zum Verzehr von Fleisch durch historische und kulturelle Faktoren bedingt, mit dem Ergebnis, dass die Gewohnheiten von Land zu Land verschieden sind. Die Mahayana Buddhisten Chinas und Vietnams zum Beispiel leben traditionsgemäß streng vegetarisch. Andererseits ist es nicht ungewöhnlich für Japaner, Fleisch zu essen; Tibeter tun es fast immer. Und mit der Verbreitung des Buddhismus in Europa, Amerika und anderswo war es für neue Schüler natürlich, die typischen Verhaltensweisen der Tradition, der sie folgen, zu übernehmen.

Tibet ist das einzige asiatische Land, dem von Indien aus der gesamte Kanon der buddhistischen Lehren übermittelt worden war, und seit dem 8. Jahrh. bis in die Gegenwart fühlen sich die Tibeter dem Mahayana in seinen sutrischen und tantrischen Formen aufs Tiefste verbunden, indem sie seine Lehren über Weisheit und universelles Mitgefühl studieren, darüber nachdenken und sie schließlich in lebendige Erfahrung umwandeln. Darüber hinaus ist es weitgehend bekannt, dass diese Lehren und die Verhaltensweisen, die sie bei der Bevölkerung hervorbrachten, einen starken Einfluss auf die Beziehung der Tibeter zu ihrer natürlichen Umgebung ausübten. Europäer, die vor der chinesischen Invasion nach Tibet und in den Himalaya reisten, waren oft erstaunt über die Vielfalt und die Zutraulichkeit der wilden Tiere, die in einem Land, in dem das Jagen selten war und allgemein verurteilt wurde, keine Angst vor Menschen hatten. Doch bleibt es eine Tatsache, dass Tibeter im Allgemeinen große Fleischesser waren und es noch immer sind. Der Grund dafür sind die geographischen und klimatischen Bedingungen, große Teile des Landes liegen in Höhenbereichen, in denen Getreide- und Gemüseanbau unmöglich ist.

Alte Angewohnheiten schaffen oft tief sitzende Vorlieben, und so haben viele Tibeter, die heute im Ausland leben, trotz ihrer religiösen Anschauungen ihre Essgewohnheiten beibehalten. Das ist an sich nicht verwunderlich, denn ein jeder hat Schwierigkeiten, lebenslange Angewohnheiten aufzugeben, und so ist der erste Impuls von Reisenden und Immigranten weltweit, das gewohnte Essen zu importieren oder sich anderweitig zu verschaffen. Jedenfalls finden viele Tibeter, wie die Mehrheit der Menschheit, Fleisch köstlich und lassen es sich schmecken. Wenn das auch die Norm in Tibet und unter Exiltibetern war und ist, so stellt doch die tägliche Mahayanapraxis – stetiges Meditieren über Mitgefühl und die Verpflichtung des Bodhisattvas, alle Lebewesen von ihrem Leiden zu befreien – unausweichlich das Fleischessen in Frage. In der Regel sind tibetische Buddhisten, auch hartgesottene Fleischesser, diesem Thema gegenüber nicht unempfindlich. Viele geben offen zu, dass das Essen von Nahrung, die unausweichlich mit dem absichtlichen Töten von Tieren in Verbindung steht, in keinem Fall ideal und für Buddhisten schlechthin unpassend ist. Viele Tibeter versuchen, wenigstens an Feiertagen und zu bestimmten Zeiten innerhalb des Jahres, die als heilig gelten, kein Fleisch zu essen. Viele bewundern eine vegetarische Lebensweise, und es gibt kaum einen Lama, der sie nicht preist und denjenigen, die dazu fähig sind, empfiehlt, auch wenn er selber – aus welchem Grund auch immer – Fleisch isst.

Unter den Exiltibetern, die in Indien und Nepal leben, in Ländern also, in denen alternative Nahrungsmittel verfügbar sind und das Fleischessen traditionsgemäß weniger verbreitet ist, macht sich langsam eine Veränderung der Essgewohnheiten bemerkbar, besonders unter der jüngeren Generation[1]. Zahlreiche Klöster, einschließlich Namgyal Dratsang, das Kloster Seiner Heiligkeit des Dalai Lama, erlauben das Zubereiten von Fleisch in ihren Küchen nicht mehr; und, obwohl die persönliche Entscheidung der einzelnen Klostermitglieder respektiert wird, haben eine wachsende Anzahl von Nonnen und Mönchen das Fleischessen gänzlich aufgegeben.

Für westliche Praktizierende sieht die Situation anders aus. Im Unterschied zu den Tibetern leben wir in Gegenden, wo gesunde vegetarische Nahrung in großer Auswahl erhältlich ist. Wir gehören jedoch einer Kultur an, deren religiöse und ethische Traditionen das Essen von Fleisch billigen und sogar empfehlen. Die mitfühlende Haltung Tieren gegenüber, die in der buddhistischen Auffassung begründet ist und von der die Tibeter trotz ihrer Essgewohnheiten in der Regel tief geprägt sind, fehlt weitgehend in unserer Gesellschaft. Wo in der modernen Welt humane Behandlung von Nutztieren vorhanden ist, wird sie oft von Sentimentalität bestimmt und von wirtschaftlichen Interessen stark eingeschränkt. Sie beruht nicht auf dem Verständnis, dass Tiere lebendige Wesen sind mit einem Geist und Gefühlen, deren missliche Lage in dieser Welt der unseren sehr ähnlich ist. Jedenfalls ist für viele praktizierende Buddhisten im Westen, die aus Gewohnheit Fleisch essen und es gerne mögen, die Problematik dieser Frage, die vom Buddhismus, besonders aber vom Mahayana aufgeworfen wird, leichter zu übergehen, weil die Tibeter – aus den oben erklärten Gründen – zwar ernstzunehmende, aber eher nur theoretische Ratschläge geben konnten.

Die Situation wird noch kompliziert durch die Verbreitung von sogenannten „traditionellen" Vernunftgründen, die das Fleischessen von Buddhisten entschuldigen sollen. Diese Begründungen übernehmen westliche Praktizierende, die einen alternativen Lebensstil nicht annehmen können oder wollen, oft zu leicht und unkritisch. Dazu zählen z.B. das Konzept der dreifachen Reinheit und die Vorstellung, dass Tiere eine Verbindung zum Dharma erhalten, wenn ihr Fleisch von Praktizierenden gegessen wird (und man ihnen also dadurch nützt), sowie viele weitere Ideen, die von einem fehlerhaften Verständnis der Tantras herrühren. Wie Shabkar zeigt, sind diese Argumente entweder falsch oder nur zum Teil wahr und müssen sorgfältig und ehrlich interpretiert werden. Bestenfalls kann man sagen, dass sie sehr menschliche Versuche darstellen, zarte Gewissen zu beruhigen und von daher verständlich sind; sie werden oft als Entschuldigung und ohne große Überzeugung benutzt, wenn das Aufgeben des Fleischessens zu schwer fällt. Für uns gewöhnliche Menschen und unter gewöhnlichen Lebensbedingungen haben diese Argumente jedoch sicher keine Gültigkeit.

Wie dem auch sei, man muss wissen, dass es in Tibet auch eine andere Auffassung gibt und seit den Anfängen des Buddhismus im Land schon immer gegeben hat. Diese wurde von Atisha und seinen Anhängern der Kadampa-Tradition bekräftigt und seitdem in jeder nachfolgenden Generation von ein paar heroischen Persönlichkeiten aufrechterhalten. Wie die in diesem Buch übersetzten Texte zeigen, war Shabkar ein Vertreter dieser glorreichen Tradition. Ihr gehörten praktizierende Bodhisattvas der Sutras und Tantras an, deren Wissen um die Leiden anderer Wesen und deren Liebe für sie so stark war, dass sie es unter großen persönlichen Opfern in einer harschen und unwirtlichen Umgebung unterließen, Fleisch zu essen. In seiner Auseinandersetzung mit diesen Themen stellt Shabkar tiefgründige Fragen zu den verschiedenen Aspekten des Buddhadharma auf seinen unterschiedlichen Ebenen, wie Pratimoksha, Mahayana und Vajrayana und wirft als mitfühlender und scharfer Beobachter ein faszinierendes Licht auf die Gesellschaft und das religiöse Leben seiner Zeit.

Zum Autor

Shabkar Tsogdruk Rangdrol[2] (1781-1851) hinterließ viele Bände von Schriften[3], von denen zwei seine detaillierte Autobiographie enthalten, eine der populärsten und inspirierendsten der tibetischen Literatur. Darin erzählt er in Form von Gedichten und Liedern seine spirituelle Laufbahn, die mit ersten Regungen von Entsagung in früher Kindheit begann und mit der vollen Erleuchtung ihren Höhepunkt erreichte.[4] Shabkar verbrachte fast sein ganzes Leben in Zurückgezogenheit oder als wandernder Pilger, der die meisten heiligen Plätze Tibets und des Himalaya besuchte; von seinem Geburtsort in Amdo und der mongolischen Grenze im Norden wanderte er zu dem großen Gebirgszug von Amnye Machen, von dort zu den zentralen Provinzen Ü und Tsang, zu den Schluchten von Tsari und dem heiligen Berg Kailash im Westen und schließlich nach Süden ins Kathmandu Tal in Nepal. Er war ein Freigeist, der am Rande der Gesellschaft lebte. Die meiste Zeit verbrachte er hoch oben in den Bergen in Abgeschiedenheit, nur von denjenigen seiner Schüler versorgt – wenn überhaupt – die bereit und fähig waren, die von den Extremen der äußeren Umgebung auferlegten Härten mit ihm zu teilen und so die großartige Freiheit zu schmecken, die sich durch das vollkommene Aufgeben weltlicher Ziele einstellt. Soziale und „kirchliche" Konventionen interessierten ihn nicht, und, obwohl ein ordinierter Mönch, war er niemals eng mit einem der großen Klöster verbunden; er besuchte sie jedoch und unterstützte sie, wann immer es ihm möglich war, manchmal mit überwältigender Großzügigkeit. Einerseits klösterlicher Disziplin zugetan, andrerseits die yogischen Methoden des Vajrayana praktizierend, muss er auf seinen häufigen Pilgerreisen in seiner aus Flicken zusammengesetzten klösterlichen Robe, dem weißen Schal und den langen Haaren eines Yogi, eine deutlich sich abhebende Erscheinung gewesen sein.

Shabkars ungewöhnliche Kleidung war ein präziser Ausdruck seiner Persönlichkeit und spirituellen Bestrebungen. Als Mönch und Yogi vereinte er in seiner Praxis den Hinayana-Weg der klösterlichen Entsagung, den des universellen Mitgefühls des Mahayana und den Weg eines Yogi des Vajrayana – den stufenartigen Weg also, der die sogenannten drei „Fahrzeuge" des tibetischen Buddhismus umfasst und oft mit der Kadampa-Tradition in Verbindung gebracht wird. Zu Shabkars Zeit gab es die Kadampas zwar nicht mehr als eigenständige Linie, aber ihre Lehren über *Lamrim*, den stufenartigen Weg, hatten einen beherrschenden Einfluss auf alle vier Schulen des tibetischen Buddhismus ausgeübt und zum Verfassen großartiger und befruchtender Schriften beigetragen, die bis heute das religiöse Leben der Tibeter bestimmen: *Ruhe und Erholung in der Natur des Geistes* von Gyalwa Longchenpa, Je Gampopas *Juwelenornament der Befreiung*, Vidyadhara Jigme Lingpas *Schatzkammer großer Qualitäten* und natürlich *Die Große Darlegung der Stufen des Pfades* von Je Tsongkhapa. Atishas Vorschrift entsprechend war Shabkars Verhalten äußerlich von der reinen Disziplin klösterlicher Ordinierung gekennzeichnet; innerlich war er lebenslang ein Praktizierender und Verfechter des *lojong*, der Lehre des Geistestrainings, die auf relatives und absolutes Bodhichitta ausgerichtet ist. Insgeheim war er ein vollendeter Yogi, der die esoterischen Lehren der Tantras, besonders die höchsten und geheimsten Unterweisungen des Dzogchen und Mahamudra realisiert hatte. Hinayana, Mahayana und Vajrayana waren alle in seiner Praxis vereint und er brachte sie zu höchster Vollendung.

Shabkars Haltung den verschiedenen Schulen des tibetischen Buddhismus gegenüber war ungetrübt von jeglicher sektiererischer Voreingenommenheit. Zweifellos lag das hauptsächlich an seinem freien und unabhängigen Lebensstil, der nicht durch Zugehörigkeit zu klösterlichen Institutionen und Abhängigkeit von Wohltätern belastet war. Er lebte sprichwörtlich von der Hand in den Mund, hatte keinen festen Aufenthaltsort und reduzierte seine Bedürfnisse auf ein absolutes Minimum. Die Hingabe seiner Schüler drückte sich oft in reichen Spenden aus, die schnellstens wieder als religiöse Opfergaben oder Almosen weitergegeben wurden. Der Dharma war für ihn eine Frage persönlicher Erkenntnis und geistigen Trainings, nicht der Zugehörigkeit zu einer Schule. Buddhas Lehre liebte er in all ihren Erscheinungsformen, und seine Haltung allen Traditionen gegenüber war von ungekünstelter Hingabe.

Als er in jungen Jahren einmal das berühmte Gelugpa-Kloster Labrang Tashikhyl in Amdo besuchte, machte Shabkar Gebete, dass es ihm gelingen möge, den Dharma auf vollkommene Weise, ungetrübt von Vorurteilen, zu praktizieren. In seiner Autobiographie bezieht er sich auf diese Begebenheit und zitiert die Erklärung des 5. Panchen Lama, dass alle Schulen des tibetischen Buddhismus authentisch seien und bemerkt: „Diesen Worten entsprechend habe ich immer eine respektvolle Hingabe an die Lehren und die Lehrer kultiviert und sie alle als rein angesehen."[5] Besonders auffallend an Shabkars religiöser Persönlichkeit war, in welchem Ausmaß er die Lehren der Nyingmapas mit denen der Gelugpas verbinden konnte, den beiden Schulen also, die oft als Welten voneinander entfernt betrachtet werden. Das muss wohl von dem sozialen Klima der Region gefördert worden sein, in der er aufgewachsen ist. Fern von den Zentren politischer Macht lebten Praktizierende aller Traditionen eng zusammen und konnten frei miteinander kommunizieren.

Seine eigenen Wurzeln hatte er unter den Nyingmapa Yogis von Rekong in Amdo, die für die Reinheit ihrer *samaya* und ihre übernatürlichen Kräfte – das Resultat ihrer geistigen Vollkommenheit – bekannt waren. In diesem Klima begann seine religiöse Schulung, und sein späteres Leben zeigt klar, dass die Lehren, die er dort in Worten und durch lebendige Beispiele empfing, einen unauslöschlichen Eindruck in seinem Charakter hinterlassen haben. Im Alter von zwanzig Jahren empfing er die klösterliche Ordination von dem großartigen Gelugpa-Abt und Gelehrten Arik Geshe Jampel Gyaltsen Öser, der Shabkar den Rat gab, seinen persönlichen Guru, den großen Nyingmapa Meister Chögyal Ngakyi Wangpo aufzusuchen. Von diesem erhielt Shabkar alle Lehren der Alten Übersetzungsschule, einschließlich der *trekchö* und *thögal* Unterweisungen der Großen Vollkommenheit, die der Kern seiner persönlichen Praxis werden sollten. Wie er in seiner Biographie erzählt, erhielt Shabkar jedoch auch oft Übermittlungen und Einweihungen der neuen Traditionen, unter ihnen auch sein geliebtes *Migtsema*, das berühmte Gebet an Tsongkhapa. Später, auf seinen Reisen, machte es ihm große Freude, die großen Gelugpaklöster in den zentralen Provinzen von Ü und Tsang zu besuchen, sie reich zu beschenken und dort um Unterweisungen zu bitten. Auch pilgerte er zu dem berühmten Sakyakloster und erhielt dort Übermittlungen von den Söhnen des 33. Thronhalters, Wangdu Nyingpo.[6] Und da er gerade in der Gegend war, vergaß er nicht, dem Kloster Jonang Ganden Puntsoling, dem früheren Sitz des Taranatha Kunga Nyingpo seine Aufwartung zu machen und eine Kopie von dessen Lehren, die dort noch in Holztafeln geschnitzt aufbewahrt wurden, drucken zu lassen.[7] Und schließlich fühlte er sich unter den Kagyüpa-Yogis vom Berg Kailash – wie auch anderswo – völlig zu Hause.

Liest man Shabkars Lebensgeschichte mit ihrer Atmosphäre von Verehrung und universellem Respekt für alle Traditionen, fällt es schwer, sich die Tiefe sektiererischer Feindseligkeit vorzustellen, die Tibets soziale Geschichte seit Generationen verdunkelte. Shabkars Wertschätzung aller Traditionen des tibetischen Buddhismus war so machtvoll und echt, dass er als Manifestation verschiedener Persönlichkeiten innerhalb dieser Traditionen gefeiert wurde. Oft wird er als Ausstrahlung von Manjushrimitra (*'jamdpal bshes gnyen*) verehrt, einem der Patriarchen der Dzogchenlinie der Nyingmapa-Schule. Er war als Reinkarnation des von den Sakyapas hoch verehrten Meisters Ngulchu Gyalse Thogme anerkannt und als die Wiedergeburt von Shengawa Lodrö Gyaltsen, einem engen Schüler von Tsongkhapa. Am meisten jedoch wird er als die Ausstrahlung von Jetsün Milarepa verehrt, einem der größten Meister der Kagyü-Schule und eine der beliebtesten Gestalten der tibetischen Tradition. Im Hinblick auf seinen Lebensstil, sein Talent, seine Ausdauer und Verwirklichung waren es mit Sicherheit Milarepas Fußstapfen, in die Shabkar getreten ist.

Shabkar war bekannt für seine Liebe und Sorge für Tiere. Diese Einstellung war nicht nur Ausdruck persönlicher Zuneigung und Wertschätzung, sie hatte ihre Wurzeln in seinem Verständnis der buddhistischen Lehren. Für Shabkar, wie für Buddhisten ganz allgemein, sollten Tiere in erster Linie als Lebewesen verstanden werden, die wie wir in den Leiden von Samsara gefangen sind. Wie verschiedenartig und merkwürdig ihre äußere Form auch sein mag, wie gering ihr intellektuelles und emotionales Vermögen, so sind sie doch mit einem Geist ausgestattet und somit im grundlegendsten Sinn Personen. Sie haften nicht weniger als Menschen an der Vorstellung eines Selbst. Deshalb sehnen sie sich – jedes nach seiner Art – nach Glück und Erfüllung und leiden, wenn sie das nicht erreichen. Verglichen mit Menschen sind Tiere natürlich in großem Nachteil. Ihr Geist ist viel stärker durch Unwissenheit verdunkelt, und die Macht ihres Instinktes überwältigt sie. Ihr Sinnesvermögen mag oft schärfer und ausgeprägter als bei Menschen sein, doch fehlt ihnen die Intelligenz, den Dharma zu verstehen und Methoden anzuwenden, die es dem Geist ermöglichen, sich aus dem Zustand der Gebundenheit zur Freiheit aufzuschwingen.

Während der langen Jahre seiner Klausuren hoch in den Bergen und auf seinen einsamen Wanderungen durch die Wildnis hatte Shabkar viel Gelegenheit, das Verhalten der Tiere aus der Nähe zu beobachten. Wie an verschiedenen Stellen aus seiner Autobiographie hervorgeht, hat sein entbehrungsreiches Leben in einer rauen und unwirtlichen Umgebung seine Anteilnahme am Schicksal der wilden Tiere – ihre Schutzlosigkeit und ihr Ausgeliefertsein an die unvorhersehbaren Launen der Witterung und die Verfolgung durch ihre natürlichen Feinde – noch verstärkt. Er fühlte sich den Tieren – seinen Gefährten in der Einsamkeit – sehr verbunden. Und auch sie müssen sich während seiner langen Phasen einsamer Zurückgezogenheit an die Gegenwart dieses seltsamen Menschen gewöhnt haben. Manchmal sprach er zu ihnen, und beim Geschwätz der Krähen oder dem sanften Ruf des Kuckucks – hatte er das Gefühl, dass sie zu ihm oder untereinander sprachen. Einmal gab er einer Herde *kyang* oder wilder Esel, die vor ihm standen und zu lauschen schienen, einfache spirituelle Ratschläge, und es geschah auch, dass er selbst von einem alten Schaf eine zu Herzen gehende Belehrung erhielt. Aus seinen Schriften wird klar, wie tief er oft von der Schönheit der Tiere berührt war und wie ihm ihre Gegenwart nicht selten tröstlich gewesen ist. Oft inspirierte ihn der Gesang der Vögel oder das Summen der Insekten zu spirituellen Einsichten, die er dann in seinen Liedern festhielt.

Seit seiner frühesten Jugend war Shabkar abgestoßen von dem, was die Menschen Tieren antaten. Auf den ersten Seiten seiner Autobiographie erzählt er ein Erlebnis aus der Kindheit, das ihn für den Rest seines Lebens geprägt hatte:

Einmal hatten wir im Herbst eine ausgezeichnete Ernte. Jeder aus den verschiedenen Familien, egal ob arm oder reich, sagte, dass wir das feiern sollten. Das bedeutete natürlich das Schlachten einer großen Menge von Schafen. Es war ein grauenvoller Anblick. Entsetzt und voller Mitgefühl für die Schafe, konnte ich unmöglich auf diesem Schlachtfeld bleiben. Ich musste weggehen und warten, bis alles vorbei war. Als sie mit dem Töten fertig waren, kam ich zurück und sah, wie die überall auf dem Boden verstreuten toten Körper aufgeschnitten wurden. Ich sagte zu mir: „Diese Leute tun etwas Schreckliches, und sie tun es, obwohl sie wissen, dass sie die Folgen davon in ihren zukünftigen Leben zu erleiden haben. Wenn ich erwachsen bin, will ich immer nur im Einklang mit dem Dharma leben. Ich will mich vollkommen von einem derartig negativen Verhalten abkehren. Und dieses Versprechen gab ich mir selbst wieder und wieder.

(König der wunscherfüllenden Juwelen)

Wie jeder andere buddhistische Lehrer gab Shabkar sein ganzes Leben lang Belehrungen über das Gesetz von Ursache und Wirkung und ermutigte seine Zuhörer, manchmal mit eindrucksvollen Resultaten, mit dem Töten aufzuhören. Wie sein älterer Zeitgenosse Jigme Lingpa, machte er es zu seiner Praxis, das Leben von Tieren zu retten, indem er sie kaufte und dann freiließ. In einem seiner Lieder zählt er auf, bis zum Alter von 56 Jahren (er erreichte ein Alter von 70 Jahren) das Leben von mehreren hunderttausend Tieren gerettet zu haben.[8] Es war jedoch eine Begebenheit in jungen Jahren, während einer Pilgerreise nach Lhasa, die einen Wendepunkt in seinem Lebensstil bedeutete. Zwischen Besuchen von Tempeln und Klöstern, den Ehrerweisungen für Lamas und andere religiöse und politische Würdenträger, wurde er immer wieder vom Jokhang angezogen, dem zentralen Tempel der Stadt, in dem sich der Jowo Rinpoche befindet – eine Statue von Buddha Shakyamuni. Diese Statue, die vermutlich noch zu Buddhas Lebzeiten angefertigt worden war, ist bis heute eines der am meisten verehrten Heiligtümer in der Welt des Tibetischen Buddhismus und war durch die Jahrhunderte Mittelpunkt unzähliger Opfergaben und hingebungsvoller Gebete.

Shabkar erinnert sich in seiner Autobiographie: „Ich blieb an einem Tag besonders lange in der Gegenwart des Jowo, und meine Gebete waren so intensiv, dass ich in einen Zustand von tiefer Versenkung geriet. Als ich dann später den äußeren Weg entlangging, der die Stadt umrundet, kam ich an eine Stelle, an der viele geschlachtete Ziegen und Schafe herumlagen. In diesem Augenblick wurde ich von einem schier unerträglichen Mitgefühl für alle Tiere der Welt, die für ihr Fleisch getötet werden, durchströmt. Ich ging zurück zum Jowo Rinpoche und legte unter Niederwerfungen dieses Gelübde ab: 'Von heute an werde ich die negative Handlung aufgeben, das Fleisch von Wesen zu essen, die alle, ohne Ausnahme, einst meine Eltern gewesen sind.' „Das war im Jahr 1812; Shabkar war 31 Jahre alt. Er fährt fort: „Von diesem Zeitpunkt an hat niemand jemals wieder Tiere getötet, um mir das Fleisch zum Essen anzubieten. Mir wurde sogar berichtet, dass meine gewissenhaften Gönner, wenn sie erfuhren, dass ich sie besuchen würde, sagten: „Dieser Lama isst nicht einmal das Fleisch von Tieren, die auf natürliche Weise gestorben sind; er darf hier auf keinen Fall Fleisch herumliegen sehen." Und so versteckten sie alles, was sie hatten. Die Tatsache, dass niemals wieder Tiere für mich getötet wurden, ist, so glaube ich, dem Mitgefühl des Jowo selbst zu verdanken."

Shabkars Entscheidung, sich jeden Fleischverzehrs zu enthalten, war ein großes Opfer. Reisende, die Tibet heute besuchen, berichten, dass aus China importierter Reis und Gemüse jetzt in vielen Teilen des Landes erhältlich ist, doch zu Shabkars Zeit war das anders. Es stimmt zwar, dass in den niederen Regionen im Süden und Osten für den größten Teil der Bevölkerung schon immer genügend Korn und Gemüse angebaut wurde, um ihre hauptsächlich auf Fleisch basierende Ernährung zu ergänzen. Der Anbau von genügend Gemüse, um sicherzustellen, was heute unter einer ausgeglichenen vegetarischen Ernährung verstanden wird, ist jedoch unmöglich. Getreide kann in einer Höhe von über viertausend Metern nicht wachsen, und Tibets Norden ist von enormen Grasflächen bedeckt, die sich nur zur Bewirtschaftung mit Vieh – Yaks, Ziegen oder Schafen – eignen. Das Fleischessen aufzugeben war daher eine wirklich heroische Tat, die nur sehr wenigen gelang. Es bedeutete, sich mit einer Ernährung zufriedenzugeben, die aus nicht viel mehr als Butter, Yoghurt und *tsampa* bestand, dem traditionellen tibetischen Mehl aus gerösteter Gerste, das gewöhnlich in Form von kleinen Teigbällchen, die mit Butter und Tee vermischt werden, gegessen wird. Es bedeutete, sich aufgrund von Protein- und Vitaminmangel mit einer geschwächten Widerstandskraft gegenüber Krankheiten abzufinden und es bedeutete sicherlich auch eine größere Empfindlichkeit gegen Kälte, die bei Fettmangel viel stärker empfunden wird. Es ist verständlich, dass eine solche Ernährung jenseits der Möglichkeiten des Großteils der Bevölkerung lag. Obwohl sie in einem Land lebten, in dem die Grundsätze des Mahayana allgegenwärtig waren und jeder einzelne Buddhas Lehren über Mitgefühl kannte, war es für die meisten Menschen schlicht unmöglich, diese Lehren auf ihre Essgewohnheiten zu übertragen. Für die großen Klöster war die Beschaffung ausreichender Mengen an vegetarischer Nahrung, selbst wenn sie eine fleischlose Ernährung bevorzugten, vollkommen außer Frage. In Tibet ein Vegetarier zu sein verlangte ein Durchhaltevermögen und eine Entschlossenheit, die nur aus tiefster Überzeugung erwachsen konnte.

All diese Qualitäten Shabkars, seine den Gesamtumfang der Lehre umfassende Praxis, sein bedingungsloser Respekt vor allen Schulen des tibetischen Buddhismus, die vollkommene Integrität seines Charakters und seine Bereitschaft zu größten Opfern, um seinen Erkenntnissen und Prinzipien getreu leben zu können – machen ihn zu einer außergewöhnlichen Autorität und berechtigen ihn, für die gesamte Tradition zu sprechen. Wir sollten also dem zuhören, was er zum Thema des Fleischessens und dessen Beziehung zu buddhistischer Praxis zu sagen hat, auch wenn es vielleicht nicht unseren eignen Ansichten und Vorlieben entspricht oder jenseits unserer Möglichkeiten liegt.

Bevor wir uns Shabkars Ausführungen im Einzelnen zuwenden, müssen wir auf die Schwierigkeit – wenn nicht sogar Unmöglichkeit – hinweisen, zu einer allgemein befriedigenden Definition der buddhistischen Lehren im Hinblick auf das Verzehren von Fleisch zu kommen. Wie aus den Schriften hervorgeht, ist der offensichtlichste Grund dafür Buddhas eigene Haltung zu diesem Thema, die zweideutig scheint. In einigen Sutras, besonders in denen des Hinayana, liest man, dass Buddha seinen Schülern empfahl, nur bestimmte Fleischsorten nicht zu essen, was bedeutet, dass Fleisch als solches als akzeptierbare Nahrung galt. Er gestattete auch der ordinierten Gemeinde, unter bestimmten Bedingungen Fleisch zu essen. Stellenweise wird gesagt, Buddha selbst habe Fleisch gegessen und es wird sogar behauptet, wenn auch nicht ohne Gegenstimmen, dass Buddha nach dem Verzehr von vergiftetem Schweinefleisch, das ihm angeboten worden war, gestorben sei.[9] An anderen Stellen jedoch, hauptsächlich im *Lankavatara-Sutra* und anderen Schriften des Mahayana, kritisiert Buddha das Fleischessen auf schärfste Weise und verbietet es unter allen Umständen. Schließlich scheint in bestimmten Texten des Vajrayana der Verzehr von Fleisch in Verbindung mit Alkohol nicht nur gestattet, sondern ausdrücklich empfohlen zu werden.

Diese paradoxe Situation versucht Shabkar im Sinne des stufenartigen Wegs zu lösen, indem er die offensichtlichen Widersprüche in den Texten als Ausdruck von Buddhas pädagogischen Fähigkeiten erklärt. Nachdem er Erleuchtung erlangt hatte, wollte Buddha nicht seine eigene Größe zur Schau stellen, indem er tiefe Wahrheiten ins Leere hinein, oberhalb des Verständnisses seiner Zuhörer, verkündete. Sein oberster Wunsch war es, andere auf seine eigene Erkenntnisebene zu bringen, und in diesem Bestreben war er sehr pragmatisch. Im Wissen, dass Menschen nur durch etwas zu verändern sind, das sie verstehen und sich aneignen können, verwirrte er sie nicht mit subtilen und tiefgründigen Worten und versuchte auch nicht, ihnen eine Disziplin aufzuzwingen, die jenseits ihrer Möglichkeiten lag. Stattdessen richtete er sich bei dem, was er ihnen sagte, nach ihren Fähigkeiten und Nöten.

Die in den Schriften überlieferten Lehren sind deshalb im Kontext der damaligen Zeit zu sehen; sie wurden zu einem spezifischen Zeitpunkt bestimmten Menschen erteilt. Eine Belehrung, die für eine Person oder Gruppe zutreffend ist, muss es nicht unbedingt für andere sein. Anweisungen für Schüler mit scharfer Auffassungsgabe, die also Buddhas eigenem Verständnis sehr nahe kommt, sind ungeeignet für Schüler mit eher bescheidenen Möglichkeiten, die eine schrittweise Annäherung benötigen. Buddhas Schriften bilden ein allumfassendes Spektrum an Unterweisungen, die alle auf ein einziges Ziel ausgerichtet sind: Die Wesen zur Erleuchtung zu führen.

Daraus ergeben sich zwei wichtige Schlussfolgerungen. Zum einen gibt es eine Rangordnung unter den Lehren, eine Staffelung der Gültigkeit sozusagen, in der grundlegende Unterweisungen als vorläufig betrachtet werden, d.h. sie werden den Bedürfnissen angepasst und dann, wenn der Schüler dazu bereit ist, von höheren, anspruchsvolleren Anweisungen gefolgt. Für Shabkar – wie für alle Lehrer des tibetischen Buddhismus – sind die Unterweisungen auf der Ebene des Hinayana von ungeheurer Wichtigkeit, da sie die Grundlagen für ein richtiges Verständnis und eine fehlerfreie Praxis schaffen. Aber sie sind nicht endgültig. Sie werden von den Lehren des Mahayana übertroffen, ebenso wie im Mahayana die Lehren der Sutras den Weg bereiten und dann übertroffen werden von denen der Tantras. Auf diese Weise passt der gesamte Umfang von Buddhas Lehren auf harmonische und einheitliche Art zusammen. Den Lehren, die von einem höheren Standpunkt aus unvollkommen erscheinen, wird eine angemessene, vorbereitende Stellung auf einer niedrigeren Stufe zugeschrieben. In diesem Licht gesehen gibt es keinen Antagonismus zwischen den Lehren des Hinayana und Mahayana, und es ist unnötig – wie manche Gelehrte es getan haben – über die Möglichkeit verfälschter Texte und willentlich falscher Interpretationen der Worte Buddhas durch spätere Generationen zu spekulieren.[10]

Die zweite wichtige Schlussfolgerung besteht darin, dass die Gültigkeit einer Belehrung von den Umständen abhängt, unter denen sie gegeben wurde. Man kann Belehrungen nicht ohne ihren Kontext zitieren und sie dann verallgemeinernd auf Situationen anwenden, für die sie nicht gegeben wurden. So hat eine im Rahmen des Hinayana gegebene Unterweisung, im Kontext des Mahayana nicht dieselbe Gültigkeit. Wie Shabkar aufzeigt, liegt es an einer oberflächlichen und falschen Interpretation der Schriften, dass so viel Verwirrung über die Frage des Fleischessens entstanden ist.

Wie wir gesehen haben, war trotz der Verbreitung des Mahayana in Tibet und der großen Meister, die ihn gelehrt und in seiner ganzen Reinheit gelebt haben, seine Anwendung, was den Fleischverzehr angeht, für die meisten Menschen keine praktikable Möglichkeit. Wir haben auch schon darauf hingewiesen, dass es nur allzu menschlich ist, wenn Schriftstellen außerhalb ihres Kontexts zitiert werden, um das Fleischessen zu legitimieren. Menschen, die aus einer Schwäche heraus nicht ihren Idealen entsprechend handeln können, neigen dazu – entweder um ihr Gesicht zu wahren oder den daraus entstehenden psychologischen Druck zu mildern – ihr Verhalten zu erklären und zu rechtfertigen. In schwierigen Situationen geht man natürlich auch den Weg des geringsten Widerstandes. Zum Beispiel ist in Kham oder Amdo gegen Ende des Winters jeder extrem hungrig. Wenn Fleisch erhältlich ist, wäre man enorm hartherzig, diejenigen zu kritisieren oder zu verurteilen, die es kaufen und essen, ohne sich große Sorgen darüber zu machen, wie es erzeugt wurde, und die sich sagen, dass sie für den Tod des Tieres nicht verantwortlich sind.

Wie einleuchtend die situationsbedingte Begründung auch sein mag – und zweifellos ist sie es in Tibet bis in die heutige Zeit immer gewesen –, sollte man trotzdem das wesentliche Prinzip nicht aus den Augen verlieren. Wiewohl das Fleischessen im Fall von bestimmten Personen und Situationen entschuldigt werden kann, darf das jedoch nicht die grundlegende Tatsache verschleiern, dass der Verzehr von Fleisch den Idealen des Mahayana Gewalt antut und unter normalen Umständen nicht zu rechtfertigen ist. Wie es aus seinen Schriften hervorgeht, war dies Shabkars Hauptsorge: So schwierig die gegebenen Umstände auch sein mögen, es ist wichtig die Wahrheit zu verkünden und das Ideal am Leben zu erhalten. All das macht Shabkars Haltung noch bemerkenswerter. Seine Lehre in Bezug auf den Fleischkonsum erscheint sogar im wohlhabenden Westen extrem und idealistisch; wie viel mehr so unter den harten Lebensbedingungen in Tibet!

Es bleibt jedoch eine Tatsache, dass es keine festen Regeln gibt. Das Verhalten hängt von den individuellen Möglichkeiten und Entscheidungen ab, ganz egal, wie das geographische und kulturelle Umfeld auch beschaffen sein mag. Natürlich ist Aufrichtigkeit in Verbindung mit der entsprechenden Sachkenntnis das Wichtigste, obwohl auch zugegeben werden muss, dass da, wo das Urteilsvermögen durch Verlangen und die Macht der Gewohnheit beeinflusst werden kann, Selbstbetrug ein treuer Begleiter ist.

Shabkar war sich dieser komplizierten Faktoren bewusst, und seine Einstellung war von mitfühlender Sachlichkeit. Er beklagte die gegebene Situation, wusste aber sehr genau, dass er eine Praxis empfahl, die für viele seiner Landsleute nicht ausführbar war. Ohne moralistisch oder verurteilend zu sein, empfahl er sie dennoch. Er betrauerte die Opfer der Fleischer und war über der Scheinheiligkeit und Spitzfindigkeit bestimmter gängiger Praktiken ungehalten. Aber er wusste, dass unter den gegebenen Umständen – vielleicht unter allen Umständen – Überzeugungsgabe und ein gutes Beispiel die besten Mittel waren, die Situation zu verbessern.

Der erste Teil seiner Autobiographie schließt mit einem Vers ab, in dem er sein bisheriges Verhalten bis zu dem gegebenen Zeitpunkt, also bis zu seinem sechsundfünfzigsten Lebensjahr, zurückverfolgt. Er sagt über sich:" Ich habe alle Pratimoksha-, Bodhisattva- und Mantrayana-gelübde gehalten. Ich habe auf Fleisch, Alkohol, Knoblauch, Zwiebeln und Tabak verzichtet und mich von den drei Weißen und den drei Sü-ßen[11], von Tee, Butter und Tsampa ernährt." Dann erwähnt er seine Schüler: Seine 108 berühmten spirituellen Söhne; die 1.800 großen Me-ditierenden, Männer und Frauen; die zehntausende von Mönchen und Nonnen, die ihm folgten und in Klöstern lebten und die unzähligen Yogis, Bauern und ergebenen Laienanhänger, die praktizierten, so gut sie konnten, indem sie beteten, fasteten und Mantras rezitierten. Aus dieser enormen Gefolgschaft erwähnt er diejenigen ganz besonders, „die, nachdem sie vollkommene Herzensgüte, Mitgefühl und Bodhi-chitta entwickelt hatten, das Fleischessen aufgegeben haben." Es gab von ihnen ungefähr dreihundert – eine kleine Anzahl, die er jedoch voller Freude und Anerkennung erwähnte.

Der Rest von Shabkars Anhängern waren Fleischesser – die er als Schüler akzeptierte, um sie auf dem Weg zu vervollkommnen. In der Schrift *Das Unrecht des Fleischessens*, zitiert Shabkar das *Mahapari-nirvanasutra*, in dem Buddha sagt: „Meine Lehre ist nicht wie die der nackten Asketen. Ich, der Tathagata, habe Regeln für die Disziplin auf-gestellt, die sich auf bestimmte Personen beziehen." Shabkar, dieser Tra-dition folgend, war kein intoleranter Fundamentalist, der unter allen Umständen auf der Einhaltung einer einzigen Regel bestand. Sein An-liegen war es, dass Menschen sich verändern und verbessern konnten. Für uns, die wir dem Weg folgen und mit Zielen konfrontiert sind, die zur Zeit noch außerhalb unserer Möglichkeiten liegen, ist es sicherlich die einzig realistische Vorgehensweise, eine bescheidene Haltung anzunehmen und „da anzufangen, wo wir sind", indem wir mit dem Rohmaterial unserer Persönlichkeit, so, wie sie ist, mit all ihren Bedürfnissen und Schwächen, arbeiten. Wenn wir, aus welchem Grund auch immer, nicht ohne Fleisch auskommen, dann fangen wir eben als Fleischesser an. Und die Tatsache, dass wir uns schulen und auf ein Ziel hinarbeiten, ist genau der Grund, warum es so wichtig ist, das Ideal zu respektieren und nicht durch trügerische Argumente zu verschleiern. Voraussetzung für inneres Wachstum ist, die Möglichkeit zu sehen, uns ändern zu können. Wenn wir dem Weg der Bodhisattvas folgen, müssen wir davon ausgehen, dass wir verwandelt werden; und im Hinblick auf die Tiefe und den Umfang dieser Wandlung scheint eine mögliche Änderung unserer Essgewohnheiten nur eine geringfügige Anpassung zu sein.

Das Hinayana und die dreifache Reinheit

Welche Ansichten Buddhisten der unterschiedlichen Traditionen über das Fleischessen auch haben mögen, in einem Punkt stimmen sie alle überein: Es ist bösartig, Leben zu zerstören. Das Töten zu unterlassen, ist die erste buddhistische Grundregel, und allein schon die Tatsache, Buddhist zu werden, indem man zu den Drei Juwelen Zuflucht nimmt, schließt automatisch das Gelübde ein, keinem Lebewesen Schaden zuzufügen. Zusätzlich sind sich alle Buddhisten darin einig, dass unter gewöhnlichen Umständen der Akt des Tötens im Geist des Täters Samen für zukünftiges Leiden sät. Natürlich setzt das Vorhandensein von Fleisch den Tod des Tieres voraus, von dem es stammt; und wenn das betreffende Tier getötet wurde – im Gegensatz zu einem natürlichen Tod – stellt sich die Frage, ob die karmische Konsequenz des Tötens auf denjenigen übergeht, der das Fleisch isst, oder in irgendeiner Weise von ihm geteilt wird. Offensichtlich war es diese Frage, die den Buddha veranlasste, die Regel der dreifachen Reinheit aufzustellen. Nach dieser Lehre ist es möglich, Fleisch zu essen, ohne die Schuld des Schlächters zu teilen, wenn man weder gesehen, gehört, noch den geringsten Verdacht hat, dass das betreffende Tier für den ausdrücklichen

Zweck geschlachtet wurde, sich selbst mit Nahrung zu versorgen. Andrerseits, wenn man Fleisch isst im Wissen, dass das Tier für die eigene Ernährung geschlachtet wurde, schafft das eine Mitschuld mit dem Schlächter und am Akt des Tötens. Es entsteht ein negatives Karma, das dem des Tötens gleichkommt. Der Regel der dreifachen Reinheit lagen, wie so vielen von Buddhas Regeln zur Disziplin, bestimmte Umstände zugrunde – in diesem Fall die der wandernden Mönchen, die von Almosen lebten.[12] Diese Praxis, die heute noch in Thailand und anderen Ländern von Theravada-Mönchen ausgeübt wird, ist ein einfaches und schönes Ritual, das in einer Atmosphäre vollkommener Anonymität stattfindet. Wenn es morgens hell genug ist, um ihren Weg zu erkennen, verlassen die Mönche ihre *viharas* im Wald und begeben sich zu einem Dorfeingang, wo die gläubigen Dorfbewohner ihnen einen Teil ihres Essens in ihre Bettelschalen füllen. Das geschieht in vollkommenem Stillschweigen. Die Mönche zeigen ihre Dankbarkeit durch eine Verbeugung und gehen dann davon. Keine Worte, keine Fragen zur Herkunft der Nahrung. Die Mönche verzehren dann in Achtsamkeit den Inhalt ihrer Schalen, ob gut oder schlecht, köstlich oder ekelerregend, in einer Haltung innerer Freiheit, die alles annimmt, was gegeben wird.

Nicht nur, dass er an sich negativ ist, für die Mönchsgemeinde stellt der Akt des Tötens oder es stellvertretend tun zu lassen, zusätzlich eine Übertretung dar, die der klösterlichen Ordinierung Schaden zufügt. Daher ist es für Mönche und Nonnen wichtig zu wissen, ob das Annehmen einer Essensgabe, die Fleisch enthält, eine Mittäterschaft mit dem Schlächter bedeutet. Aus diesem Grund zielte das Prinzip der dreifachen Reinheit darauf ab, die Bedingungen festzulegen, unter denen die Mönche Fleisch – sollte es sich in ihren Bettelschalen befinden – essen durften, ohne ihre Ordinierung zu verletzen. Die Sorge gilt also weitgehend der Reinhaltung der Disziplin und dem möglichen Ansammeln von Negativität. Schwerpunkt des Interesses sind die Mönche, die in diesem Hinayana-Kontext der Pratimoksha-Gelübde hauptsächlich die Selbstbefreiung aus dem Kreislauf des Leidens anstreben und für die folglich die Reinhaltung ihrer Gelübde wichtig ist.

Natürlich wird man in einem anderen kulturellen Umfeld als dem eben beschriebenen wohl kaum Fleisch finden, das der Regel der dreifachen Reinheit gerecht wird. Wahrscheinlich wissen die Waldmönche nichts über die Herkunft ihrer Nahrung oder nehmen verständlicherweise an, dass das, was ihnen täglich in ihre Schalen getan wird, Teil der Standardkost ihrer Spender sei, und was an Fleischresten in ihren Schalen auftauchen sollte, Teil dessen, was die Dorfleute für sich selbst getötet oder gekauft haben. Außerhalb dieses besonderen Milieus sind die Umstände und ihre moralischen Konsequenzen natürlich ganz anders. Die religiösen Institutionen Tibets und die Waldeinsiedeleien Indiens und Südasiens sind Welten voneinander entfernt. Die tibetischen Klöster waren oft riesig und viele von ihnen lagen in abgelegenen, dünn besiedelten Regionen. Ungeheure Mengen an Verpflegung waren nötig, mussten eingekauft und transportiert werden. Wie Shabkar richtig beobachtet, bedeutet dies Handel und die Marktstrategie von Angebot und Nachfrage. Und wo immer ein Markt ist – sei es ein Basar im Himalaya oder ein örtlicher Supermarkt in Europa und Amerika – ist die Möglichkeit der dreifachen Reinheit ausgeschlossen. Wenn er darüber sprach, war es Shabkars Absicht, dieses Prinzip in seinen richtigen Zusammenhang zu stellen und zu zeigen, dass es nicht angeführt werden konnte, um das Fleischessen tibetischer Mönche zu rechtfertigen. Der alleinige Zweck dieses Prinzips war es, die Art von Fleisch zu bestimmen, dessen Verzehr nicht die Pratimoksha-Ordinierung gefährdet. Andrerseits ist die Beschaffung großer Mengen „reinen" Fleischs, vom praktischen Standpunkt aus, in sich selbst schon ein Widerspruch. Wie unvermeidlich der Verzehr von Fleisch in Tibet auch sei, es ist nicht legitim, sich auf ein solches Prinzip zu berufen, um ihn zu verteidigen und zu normalisieren.

Für diejenigen, die bereit und fähig waren, sich im harten Klima Tibets des Fleischverzehrs zu enthalten, bedeutete das die Bereitschaft, praktisch an der Grenze zum Verhungern zu leben. Ein solcher Lebensstil war sicherlich nicht für die breite Masse geeignet. Und trotzdem war Shabkar kein Einzelfall. In der frühesten Periode des Buddhismus in Tibet muss, wie es aus der Gesetzgebung des Königs Trisong Deutsen hervorgeht, der Verzicht auf Fleisch in den Klöstern die Norm gewesen sein (eine Tatsache, die Shabkar in einem anderen Werk erwähnt).[13] Zugegebenerweise müssen die klösterlichen Einrichtungen viel kleiner und weniger zahlreich gewesen sein, als in der darauffolgenden Zeit. Außerdem standen sie unter königlichem Patronat und wurden so sehr gut versorgt.

Auf jeden Fall gab es zu allen Zeiten in der tibetischen Geschichte berühmte Meister und zweifellos eine große Anzahl unter ihren Schülern, die auf Fleisch verzichteten. Beginnend mit Atisha selbst, taten es viele Kadampas, und ihnen folgten Meister und Praktizierende aller Schulen: Milarepa, Drikung Kyobpa, Taklung Thangpa, Phagmo Drupa, Thogme Zangpo, Drukpa Kunleg, usw., bis hin zu Meistern modernerer Zeiten, wie Jigme Lingpa, Nyakla Pema Dudul und Patrul Rinpoche. Von Patrul Rinpoche zum Beispiel, dem berühmten Verfasser von *Die Worte meines vollendeten Lehrers*, ist bekannt, dass es ihm durch seine unermüdlichen Erklärungen des *Bodhicharyavatara* und wiederholter Diskurse über die hilflose Qual der Tiere gelungen ist, in vielen Teilen Osttibets den Brauch abzuschaffen, Tiere zu schlachten, um ihr Fleisch den zu Besuch kommenden Lamas anzubieten.[14]

Fleischessen und das Mahayana

Das Prinzip der dreifachen Reinheit wurde im Zusammenhang mit den Hinayanalehren als Richtlinie verbreitet, um die Reinhaltung der Pratimoksha-Gelübde zu gewährleisten. Im Mahayana ist der Schwerpunkt entscheidend verlagert: Von dem Wunsch, sich selbst vom Leiden zu befreien bis zu einem intensiven Bewusstsein über das Leiden aller Lebewesen und dem Wunsch, sie zu beschützen und zur Freiheit zu führen. Da die Fähigkeit, andere zu befreien die Selbstbefreiung mit einschließt, wird das Hinayana auf keinen Fall abgelehnt: es ist Grundlage des Mahayana und wird von ihm mit eingeschlossen und erweitert. Die Notwendigkeit der Selbst-Befreiung wird anerkannt, aber der Schwerpunkt verlagert sich zur Befreiung anderer oder, um genauer zu sein, zu einem Zustand der Weisheit, in dem die Trennung von Selbst und anderen als unwirklich gesehen und transzendiert wird.

Es ist wichtig, über diese Polarität von Selbst und anderen genau nachzudenken. Ein allgemeiner Grundsatz der buddhistischen Lehre ist, dass ausnahmslos alle lebenden Wesen den Eindruck haben, „ich" zu sein, also ein Selbst zu haben, an dem sie festhalten. Sie dienen den Interessen dieses imaginären Selbst, sie fürchten und bekämpfen alles, was es bedroht. Sie wollen glücklich sein; sie wollen nicht leiden. Dieses grundlegende Bedürfnis, das seine Wurzeln in der Selbstanhaftung hat, ist nicht nur die Basis der persönlichen Existenz, sondern auch des spirituellen Strebens. Wie jeder andere auch, streben die Praktizierenden auf der Hinayana-Ebene nach Glück, dem letztendlichen Glück von Nirvana. Der Wunsch nach individueller Befreiung, nach Selbstbefreiung, unterscheidet sich in nichts von dem gleichen Grundbedürfnis, das in anderen, weniger entwickelten Wesen, zur Erfahrung von Samsara führt. Es beweist Buddhas geniale pädagogische Fähigkeiten, dass der Grundimpuls des Selbstinteresses als Energiequelle genutzt wird, um den Schüler aus Samsara und seiner Ursache, der Selbstanhaftung, herauszuführen. Der Dalai Lama sagt oft, wir seien selbstsüchtige Wesen und Buddha hätte uns gelehrt, auf weise Art selbstsüchtig zu sein. In diesem Wissen können wir verstehen, warum die Schulung auf der Hinayana-Ebene in einschränkender Disziplin besteht. Die Energien, die unkontrolliert zum sinnlosen Leiden von Samsara führen, werden durch Gelübde gebunden, auf einen guten Zweck ausgerichtet und genutzt. Man lernt, negatives Verhalten abzulegen und die wirksamen Methoden von Disziplin, Konzentration und Weisheit anzuwenden, die der Richtung des eigenen Grundbedürfnisses entsprechen, nämlich dem Wunsch, glücklich zu sein.

Demgegenüber gibt es im Mahayana etwas, das gegen den Strich läuft. Ehrliche Selbstprüfung bringt zutage, dass wir nicht von Natur aus selbstlos sind, d.h. wir sind an anderen nur insoweit interessiert, als es uns selbst nicht zum Nachteil gereicht. Der Altruismus fordert, dass wir über uns selbst hinauswachsen, und muss bewusst gelernt werden. Außerdem muss man erfahrungsgemäß inspiriert sein, um sich auf jedwede Form von Training einzulassen und nach dem Ziel, das man erreichen will, eine Art von Sehnsucht haben. Aus diesem Grund wird im *Bodhicharyavatara* unterschieden zwischen dem Bodhichitta der Absicht – dem Interesse und Wunsch, vollkommene Erleuchtung zum Wohle anderer zu erreichen – und dem Bodhichitta der Anwendung – der tatsächlichen Verpflichtung und Praxis des Bodhisattvaweges – die das Erreichen dieses Zieles ermöglichen.

Wie in den Lehren erklärt wird,[15] sind diese beiden Aspekte von Bodhichitta mit verschiedenen Gelübden und Disziplinen verknüpft, und Shabkar erwähnt am Anfang von *Nektar der Unsterblichkeit* zwei Übungen, die ganz besonders mit dem Bodhichitta der Absicht in Verbindung stehen. Die erste ist die bekannte Unterweisung in sieben Stufen, die ein Gefühl der Nähe zu anderen schaffen soll. Dieses Gefühl basiert auf dem Verständnis, dass jedes Wesen auf seinem langen Weg durch Samsara irgendwann einmal eine Eltern-Kind Beziehung mit uns hatte. Durch diese Übung sollen wir begreifen, dass alle Wesen, welche Form auch immer sie gerade haben mögen, uns zu irgendeiner Zeit einmal nahe standen und uns sehr geliebt haben. Sie haben uns umsorgt und verteidigt, und wir waren ihnen teuer. Es ist die ewig sich wiederholende Tragödie unserer samsarischen Bedingtheit, dass wir diejenigen vollkommen vergessen, die uns einst so umsorgt haben, ebenso, wie wir bald diejenigen vergessen werden – Ehefrau, -mann, Geliebte, Eltern, Kinder – die wir in unserem jetzigen Leben so liebhaben. Der Schluss, den wir aus Gedanken wie diesen ziehen sollen, ist der, dass wir alle Wesen, egal ob Menschen, Tiere, Freunde oder Feinde, in vergangener Zeit einmal sehr geliebt, das aber vergessen haben.

Die zweite der Techniken in Verbindung mit dem Bodhichitta der Absicht ist die Übung von „Wesensgleichheit und Austausch". Ausführliche philosophische Erklärungen dazu findet man im *Bodhicharyava-tara* von Shantideva. Mit Hilfe von logischen Überlegungen wird der Glaube an die scheinbar so unüberwindliche Trennung zwischen uns selbst und anderen erschüttert und aufgezeigt, dass sie nichts anderes ist als ein Konzept, ohne eine ihr innewohnende Wirklichkeit – eine optische Täuschung sozusagen.[16] Diese beiden Techniken ergänzen sich gut. Die „Wesensgleichheit und Austausch"-Übung schafft das richtige geistige Klima, indem sie demonstriert, dass Mitgefühl von Grund auf vernünftig ist. Demgegenüber hinterlässt die Unterweisung in sieben Stufen einen viel emotionaleren Eindruck und ist darauf ausgerichtet, sich anderen Lebewesen und ihrem Leid so nahe zu fühlen, dass der Geist von dem Wunsch oder besser von der Entschlossenheit ergriffen wird, etwas zu tun, um ihnen Erleichterung zu verschaffen und sie zu befreien. Wenn beides, Verstehen und Gefühl, entwickelt werden und dabei genügend Intensität erreichen, kann echtes Mitgefühl entstehen. Es muss noch einmal darauf hingewiesen werden, dass diese beiden Schulungen Teil des Engagements in Verbindung mit dem Bodhichit-ta der Absicht sind. Erst wenn sie vollkommen entwickelt sind, ent-steht echtes Bodhichitta. Natürlich bedeutet das nicht, dass man war-ten muss bis dieses Training vollständig abgeschlossen ist, um mit den Aktivitäten im Zusammenhang mit dem Bodhichitta der Anwendung (Großzügigkeit und den anderen Paramitas) beginnen zu können. An-dererseits kann das Ziel der späteren Schulung nicht erreicht werden, bevor die vorherige nicht Früchte getragen hat.

Übungen im Bodhichitta der Absicht und Ausrichtung bilden dem-nach die eigentliche Grundlage der Mahayana Praxis, und dass Shabkar sie gleich am Anfang seines Werkes erwähnt, ist nicht ungewöhnlich. Erstaunlich ist die Verbindung, die er zwischen diesem Training und dem Fleischverzehr herstellt. Denn er sagt tatsächlich: Wenn diese geis-tigen Fähigkeiten vollständig ausgebildet sind – wir z.B. das intensive Gefühl haben, alle Wesen hätten uns so liebevoll behandelt wie unsere eignen Eltern – dann ist es uns einfach unmöglich, von ihrem Fleisch zu essen. Wenn man hingegen Fleisch als gewöhnliche Nahrung ansieht und es regelmäßig und gedankenlos isst, zeugt das von einem Mangel an Bewusstheit und einer Unempfindlichkeit dem Leiden anderer Wesen gegenüber, die unvereinbar mit dem Geistestraining ist. Das andauernde Verlangen nach Fleisch und die Befriedigung dieses Verlangens ist also ein Zeichen dafür, dass die Übung im Bodhichitta der Absicht noch nicht abgeschlossen ist. Dem muss noch hinzugefügt werden, dass Shabkar, wenn er diese Position bezieht, nicht auf Fleisch an sich hinweist, sondern auf die Wesen, die gefoltert und getötet werden, um Fleisch verfügbar zu machen. Daraus folgt, dass seine Kritik sich nicht nur auf Fleisch als Nahrung bezieht, sondern auch auf alle Produkte, für deren Herstellung Tiere getötet und missbraucht werden.

Für viele von uns sind diese Lehren vielleicht schwer zu akzeptieren, weil sie uns sagen, unser Verlangen nach Fleisch und Tierprodukten beweise, dass wir auf dem Mahayana-Pfad vorerst nicht mehr als Anfänger sind, egal wie lange wir schon den Dharma praktizieren. Wir kommen auf diesen Punkt später noch einmal zurück, aber als Vorbereitung auf Shabkars Text ist es hilfreich, die grundlegende Ausrichtung des Mahayana, die Shabkars Position erklärt und legitimiert, näher zu beleuchten.

Zusätzlich zu der Schulung in den beiden oben erwähnten Disziplinen wird es Schülern auf dem Bodhisattva-Weg nahegelegt, die vier „unermesslichen" Geisteshaltungen zu kultivieren – so benannt, weil ihre Zielrichtung (alle lebenden Wesen) und das entstehende Verdienst unüberschaubar groß sind. Diese Einstellungen sind Liebe (der ehrliche Wunsch, dass andere glücklich sind), Mitgefühl (der ehrliche Wunsch, dass andere nicht leiden müssen), Mit-Freude (sich herzlich über das Glück anderer freuen) und Unparteilichkeit (die Fähigkeit, die oben erwähnten drei Einstellungen unterschiedslos auf alle Wesen anwenden zu können). Von diesen vier Einstellungen ist die vierte die wichtigste und diejenige, die am stärksten herausfordert.

Wenn wir die Welt von dem zentralen Mittelpunkt aus überschauen, in dem wir zu stehen meinen, finden wir drei Kategorien von Wesen.

Zuerst sind da diejenigen, die uns nahe und die uns schön, attraktiv, gut und wichtig zu sein scheinen. Dann gibt es die, die wir nicht mögen oder die uns Angst machen, die uns nicht nahestehen, die scheinbar bedrohlich und böse sind. Und schließlich befindet sich zwischen diesen beiden Extremen die große Menge derjenigen Wesen, die wir schlicht nicht kennen, die uns nicht interessieren und denen gegenüber wir uns gleichgültig verhalten. Die Dinge in dieser Weise wahrzunehmen ist Teil dessen, was man darunter versteht, im Samsara zu sein; es ist unausweichlich das Ergebnis davon, an ein Selbst zu glauben und daran zu haften. Die Einteilung der Welt in gut, schlecht und uninteressant ist ein Instinkt, der so tief in uns verwurzelt ist, dass wir sie für eine objektive Wirklichkeit halten, obwohl sie nur eine Illusion ist, die aus unserem Haften an einem Selbst entstanden ist. Die Wahrheit ist natürlich, dass niemand an sich angenehm, an sich böse oder an sich unwichtig ist, und die Praxis der Unparteilichkeit zielt darauf ab, die ungeheure Engstirnigkeit derartig egozentrischer Schlussfolgerungen aufzubrechen. Denn nur dann, wenn uns diese Ideen überzeugen und wenn unsere Wahrnehmung nicht von selbstsüchtigen Motiven und Erwartungen getrübt ist, können wir einen Schimmer von dem erhaschen, wie sich andere Wesen, *von ihrer Seite her fühlen*. Und vielleicht erkennen wir zum ersten Mal, dass sie alle, unabhängig von uns und unserer Beziehung zu ihnen, gleich sind – alle, ohne Ausnahme, von unseren geliebten Kindern bis hin zu den (für uns) unwichtigsten Insekten. Sie alle wollen nur das Eine: Glücklich sein und Schmerz vermeiden. Jedes Lebewesen, ob Mensch oder Tier, sehnt sich, je nach Art und geistigem Horizont seiner derzeitigen Verkörperung, nach Erfüllung.

Interessant ist, wie weit diese Erkenntnis unseren grundlegenden Instinkten entgegenarbeitet. Gewöhnlich halten wir alles für wichtig, was in das Gravitationsfeld unseres Egos fällt, zum Nachteil dessen, was es nicht tut. Wir übersehen diejenigen, die das Pech haben, nicht in unserer Gruppe zu sein und vergessen, dass wir uns in unserem Grundverlangen alle gleichen. Wir haben eine eingebaute Vorliebe für *unsere* Familie, *unsere* Gemeinschaft, *unsere* Tradition, *unser* Land, Nation,

Rasse, usw., und es scheint natürlich unsere oberste Pflicht zu sein, sie zu unterstützen und zu verteidigen und den Rest sich selbst zu überlassen. Und zu diesen Kategorien muss selbstverständlich auch unsere Spezies gerechnet werden, wir glauben, nur wir Menschen seien wichtig.

Es stimmt, dass der Buddhismus der menschlichen Existenz allerhöchste Bedeutung beimisst, und zwar deshalb, weil nur die menschliche Geburt die Möglichkeit bietet, ein spirituelles Training durchzuführen und letztendliche Befreiung zu erlangen. Abgesehen davon sind jedoch alle Wesen – Menschen und Tiere – gleich. Ob durch Instinkt angetrieben oder durch bewusste Entscheidung, alle haften fest an der Vorstellung eines Selbst und verfolgen ihre eigenen Interessen. Werden sie angegriffen, versuchen alle, sich zu verteidigen oder zu retten; wenn sie die Chance haben, streben sie alle, je nach Fähigkeit und Bedürfnis, nach Erfüllung für sich selbst und für die, die ihnen nahestehen. Auf jeden Fall versuchen sie, Enttäuschung zu vermeiden. Wegen dieses Haftens an der Vorstellung eines Selbst wandern die Wesen im Samsara. Sie alle, wir alle, leiden, und es ist unser Leiden, nicht unsere existenzielle Bedingung, die uns zu Objekten für Mitgefühl macht. *Alle* Wesen, nicht nur wir Menschen, sind daher Nutznießer von Buddhas Erleuchtung, und die Befreiung aller ist das Ziel des Mahayana-Pfades. Es stimmt, dass Menschen insgesamt intelligenter sind und ihnen mehr Möglichkeiten zur Verfügung stehen, als anderen Arten, und es stimmt auch, dass Menschen sich wegen ihres geistigen Potentials normalerweise nicht zum Nutzen von Tieren opfern sollen (obwohl das im Falle von hochentwickelten Bodhisattvas geschehen kann, wie im Falle einer vorangegangenen Inkarnation von Buddha Shakyamuni, der seinen Körper einer halbverhungerten Tigerin als Nahrung geopfert hatte). Andrerseits ist es aus buddhistischer Sicht ein Trugschluss der theistischen Religionen, dass der Mensch der „Herr der Schöpfung" sei und alle anderen Arten zu unserem Nutzen, Unterhalt und Vergnügen geschaffen wurden. Die Wesen erscheinen in der Welt ihrem Karma entsprechend, alle haben das gleiche Recht, hier zu sein. Diese fundamentale Wahrheit zu erkennen, ist eines der Ziele der Praxis der Unparteilichkeit. Es ist das sich Einfühlen in die missliche Lage aller Wesen, Menschen wie anderer, unabhängig von unserer ego-zentrierten Sichtweise, unseren Interessen und Wünschen.

Wenn man diese grundlegenden Gedanken versteht, sind die unterschiedlichen Ansätze des Hinayana und des Mahayana zum Fleischverzehr leicht zu begreifen. Im Mahayana geht es nicht mehr um denjenigen, der das Fleisch isst und seine etwaige Verunreinigung, sondern um das Opfer, das Lebewesen, das qualvoll stirbt, um als Nahrung oder zu anderweitigen Zwecken zu dienen. Dies steht im Zentrum von Shabkars Gedanken und Praxis und taucht immer und immer wieder in seiner Autobiographie auf. Die Qual der Tiere, die zu Tode gehetzt und zu tausenden geschlachtet wurden, um denjenigen Nahrung zu sein, die sich nicht anders ernähren konnten oder wollten, verfolgte ihn dermaßen, dass er nicht schweigend zusehen konnte. Er war mit Patrul Rinpoche einer Meinung, wenn er die offensichtliche, aber leider ignorierte Wahrheit würdigte, dass Tiere, so schwach und dumm sie auch sein mögen, nicht sterben wollen. Er beklagte, dass ihnen das Leben – ihr einziger Besitz – genommen wird, von jenen und für jene, die den Prinzipien des Geistestrainings entgegenhandeln und ihr Glück auf dem Leid anderer aufbauen.

Wenn das also Shabkars Haltung zum Fleischkonsum in Tibet war, ist es nicht schwer, sich vorzustellen, wie seine Reaktion ausgefallen wäre, hätte er die Situation gekannt, in der sich seine Landsleute im Exil oder praktizierende Buddhisten im wohlhabenden Westen befinden, wo die Beschaffung von nahrhaften und wohlschmeckenden Alternativen völlig unproblematisch ist und wo die Fleischproduktion in vieler Hinsicht eine riesige, grausame und absolut unmenschliche Industrie erfordert. Vor allem konnte er die seiner Meinung nach verzerrte Auslegung der Lehren durch diejenigen nicht tolerieren, die ihr Verhalten durch trügerische und selbstsüchtige Argumente zu legitimieren suchten. Das Argument der dreifachen Reinheit lehnte er entschieden ab, erstens, weil es im Mahayana Kontext fehl am Platz ist und zweitens, weil es in

Tibet irrelevant war. Für die heuchlerische Praxis, für das Tier Gebete zu machen, hatte er wenig Verständnis, diente sie doch nur dazu, das schlechte Gewissen des Schlächters und der Konsumenten zu beruhigen, und er wehrte sich mit aller Macht gegen die Vorstellung, dass es Tieren nützen würde, wenn ihr Fleisch von sogenannten Praktizierenden verzehrt wird, die es aus ganz gewöhnlichem Gelüst essen wollen.

Andererseits gab Shabkar zu, dass es immer Ausnahmen der Regel gibt und dass es in ganz besonderen Fällen sogar besser sein kann, Fleisch zu essen – z. B. in einer extremen Notlage, wenn es absolut nichts anderes zu essen gibt oder wenn es nötig ist, der körperlichen Schwäche alter Meister entgegenzuwirken, deren Tod die Erhaltung der Lehren gefährden würde.

Fleischessen im Vajrayana

Viele meinen, im Vajrayana oder Geheimen Mantrayana, dem Fahrzeug der geschickten Methoden, wo die Sinnesobjekte auf dem Weg genutzt werden, sei es gestattet oder sogar empfohlen, Fleisch und auch Alkohol zu konsumieren. Es ist wahr, dass in den Texten zur *Ganachakra*-Opferung erklärt wird, "Fleisch und Alkohol sollten nicht fehlen." Das wird dann oft so interpretiert, das Ganachakra sei eine Gelegenheit, Fleisch und Alkohol zu genießen, manchmal in großen Mengen – und dass es den Konsum auf einer täglichen Basis sanktioniere. Doch weist die Tatsache, dass einige der größten tantrischen Meister in der Geschichte des tibetischen Buddhismus für immer auf Fleisch verzichteten und auch ihre Schüler dazu ermutigten, darauf hin, dass die Sache weniger eindeutig ist als angenommen. Die Lehre der Tantras zur Nutzung der Sinnesobjekte ist sehr subtil und wird wie alle komplexen Themen leicht missverstanden und falsch interpretiert.

Ganz allgemein gesprochen hat jedes der drei Fahrzeuge – das Hinayana und die sutrischen und tantrischen Fahrzeuge des Mahayana

– eine charakteristische Ausrichtung. Im Hinayana geht es um Selbstbefreiung. Seine spezifische Qualität ist die Entsagung (*nges byung*),
die Entscheidung, Samsara endgültig hinter sich zu lassen. Auf dieser
Entschlossenheit aufbauend geht es im Mahayana um Bodhichitta,
dessen Kennzeichen Nächstenliebe und ein Verständnis der Weisheit
der Leerheit sind. Beim Vajrayana, das oft als das Resultat – Fahrzeug
bezeichnet wird, weil es die erleuchteten Qualitäten, die im *tathaga-
tabarbha* oder der Buddha-Natur schon immer vorhanden sind, zum
Weg macht, liegt der Schwerpunkt auf der grundlegenden Reinheit und
Gleichheit aller Phänomene. Hier haben die Konzepte von rein und unrein (einer Unterscheidung, die tief in unserer Psyche verankert ist und
von unserem kulturellen Umfeld verstärkt wird) und anderer dualisti-
scher Gegensätze wie Schmerz und Vergnügen, Freude und Leid, Gut
und Böse usw. keine Bedeutung. Sie werden als ichbezogene Illusionen
betrachtet, die es zu überwinden gilt. Hieraus erklärt sich der unkon-
ventionelle Lebensstil vieler der großen *Siddhas* oder tantrischen Meister der Vergangenheit. Am Rande der Gesellschaft lebend, verhielten
sie sich oft in einer Weise, die gewöhnliche Menschen als abstoßend,
wenn nicht gar als grauenhaft empfanden. Kukuripa zum Beispiel lebte
unter Hunden; Virupa ernährte sich von den stinkenden, schleimigen
Eingeweiden faulender Fische. Als er in Tibet weilte, verspeiste der berühmte Tsangnyön Heruka einmal mit Genuss verfaulte, von Maden
befallene Hirnmasse, die er aus abgeschlagen Köpfen, die am Stadttor
hingen, herauskratzte.[17] Derartige Gestalten sind bis in unsere Zeit immer ein wichtiger, wenn auch ungewöhnlicher Bestandteil des tantrischen Buddhismus gewesen.

Die Überwindung des dualistischen Konzepts von rein und unrein
ist einer der Gründe, warum Fleisch und Alkohol, die im buddhistischen Kontext in der Regel als unrein oder verwerflich gelten, als Zu-
taten für eine tantrische Praxis gefordert werden. Dadurch, dass sie ihr
Vorhandensein bei einem Ganachakra festlegen, schreiben die Texte
und *Sadhana*-Anweisungen Elemente vor – die fünf Arten von Fleisch
und die fünf Arten von Nektar –, die gewöhnliche Praktizierende des

Mahayana oder jeder andere auch, als unrein, unakzeptabel oder sogar abstoßend empfinden könnten. Das Ganachakra kann niemals als ein Vorwand zum gewöhnlichen Schwelgen verstanden werden. Der Dalai Lama bemerkt dazu: "In diesem Zusammenhang könnte jemand versuchen, Fleischessen mit der Begründung zu rechtfertigen, dass er das höchste Yoga Tantra praktiziere. Aber derjenige darf nicht vergessen, dass die fünf Arten von Nektar und die fünf Arten von Fleisch Substanzen einschließen, die gemeinhin als schmutzig und abstoßend gelten. Ein wahrer Praktizierender des höchsten Yoga Tantra macht keine Unterschiede, indem er das Fleisch nimmt und die schmutzigen Substanzen ablehnt. Wir aber halten uns die Nase zu, wenn solche Dinge in unserer Nähe sind, geschweige denn, sie wirklich zu uns zu nehmen."[18]

Vor diesem Hintergrund hat es etwas Lächerliches, wenn bei Ganachakra-Zeremonien die Yogis und Yoginis Filetsteaks verspeisen und sie dann mit großzügigen Mengen von Burgunder hinunterspülen.

Praktizierende, die die fünf Arten von Fleisch und Nektar in einem Zustand jenseits von Dualität genießen können, sind echte Tantrikas. Das nur vorzutäuschen – das Ganachakra also als Vorwand für gewöhnlichen Genuss zu benutzen – bedeutet im besten Fall, die Praxis zu einem leeren Ritual herabzuwürdigen. Doch muss auch im Fall von authentischen Yogis das Prinzip des „reinen Fleisches" gelten. Zumindest sollte im Fall von Praktizierenden, die das Bewusstsein des toten Tieres nicht in ein Buddhagefilde überführen können, eine angemessene Opferung von einem Tier stammen, das eines natürlichen Todes gestorben ist. Im Gegensatz dazu ist es nach Patrul Rinpoche völlig abartig, eine Ganachakra Opferung mit dem frischen Fleisch eines für den Konsum geschlachteten Tieres zu machen. Das wäre so, als würde man die Buddhas und Bodhisattvas zu einem Festessen einladen, bei dem man ihnen das Fleisch ihrer eignen Kinder serviert.[19]

Dem könnte man entgegenhalten, dass Fleisch und Alkohol, die bei einem Ganachakra geopfert werden, nicht mehr gewöhnlich seien. Sie würden durch die Kraft der Mantras gereinigt und transformiert, und es wäre demnach gestattet, sie zu genießen. Das trifft jedoch nur dann zu, wenn diejenigen, die das Ganachakra opfern, erleuchtete Wesen sind, die die Reinheit und Gleichheit aller Phänomene realisiert haben und für die die geopferten Substanzen wirklich transformiert sind. Nur sie sind fähig, den Wesen, von deren Körpern das Fleisch stammt, zu nützen.[20]

Manchmal wird behauptet und dazu aus den Tantras zitiert, „der Mitfühlende isst Fleisch; der Halter der Samaya trinkt Alkohol." Dem entgegnet Shabkar: "Wenn das stimmen sollte, müsste man daraus den Schluss ziehen, dass weder Buddha noch seine Shravakas, die sechs Ornamente und die beiden höchsten Meister Indiens,[21] Atisha und seine spirituellen Söhne und all die anderen Heiligen, die weder Fleisch noch Alkohol zu sich nahmen, entweder ohne Mitgefühl waren oder ihre Samaya nicht gehalten haben. Oder, dass ihr Mitgefühl geringer war als das derjenigen, die diesen Einwand machten."[22] In anderen Worten, besagte Texte können nicht wirklich wörtlich ausgelegt werden. Es ist sinnvoller, diese Zitate als Beispiele für „indirekte Lehren in Metaphern"[23] zu sehen, auf der gleichen Ebene etwa, wie die Aufforderung, seine Eltern zu erschlagen oder den König zu ermorden. Wie Shabkar an anderer Stelle kommentiert: "Wenn in den Vajrayanalehren gesagt wird, man solle Fleisch essen, ist das nicht wörtlich zu nehmen. Im Kommentar zu dem Tantra *mkha' 'gro rgya mtsho* wird deutlich gemacht, dass sich das Essen von Fleisch auf das 'Verschlingen der diskursiven Gedanken' bezieht."[24]

Manchmal heißt es, der Fleischverzehr von Dharmapraktizierenden, besonders des Vajrayana, sei zu rechtfertigen, weil sie eine Verbindung zwischen dem geschlachteten Tier und dem Dharma herstellten. Sie würden dem Tier also einen besonderen Dienst erweisen. Deshalb wäre es gut, viel und regelmäßig Fleisch zu essen. Shabkar fand diese Art der Schlussfolgerung besonders lächerlich. Wie viele verführerische, aber falsche Argumente beruht sie auf Halbwahrheiten. Das Prinzip der Interdependenz – der wechselseitigen Abhängigkeit und

Bedingtheit – hat universelle Gültigkeit und gilt in diesem speziellen Fall ganz besonders. Wenn es möglich ist, durch Sehen, Hören oder Berühren von bildlichen Darstellungen der Lehre eine Verbindung zum Dharma herzustellen, wäre eine logische Schlussfolgerung daraus, dass ein Tier eine Verbindung zur Lehre erhält, wenn es von einem Dharmapraktizierenden gegessen wird. Sicherlich ist an dieser Behauptung etwas Wahres. Aber die Frage, die hier gestellt werden muss, ist die, ob dieses Prinzip allgemein anwendbar ist, und im speziellen Fall auch auf *uns*. Wenn es nach dem Prinzip der Interdependenz möglich ist, dem Tier durch den Verzehr seines Fleisches zu nützen, wird viel vom Zustand des Konsumenten abhängen – von seiner Verbindung zum Dharma und dem Grad seiner spirituellen Verwirklichung. Ist der Mensch, der das Fleisch verzehrt, ein erleuchtetes Wesen – ein Buddha oder ein großer Bodhisattva mit hoher Realisation – kann man sich leicht vorstellen, dass das betreffende Wesen, verglichen mit anderen Tieren, die für ihr Fleisch geschlachtet werden, zweifellos großes Glück hat. Wir müssen aber zugeben, dass in unserem Fall – dem von gewöhnlichen Menschen, die sich mit der Praxis abmühen – „Verbindung zum Dharma" darin besteht, die eine oder andere Belehrung zu hören, ein paar Bücher zu lesen, ein oder zwei Einweihungen zu bekommen, mit gesegneten Substanzen auf dem Kopf berührt zu werden und, wenn wir Zeit und Lust haben, zu meditieren und zu praktizieren. Letztendlich ist unsere Verbindung zur Lehre mehr als dürftig. Und sollte es einmal vorkommen, dass wir über das Leid des Wesens nachdenken, das wir gerade essen, wer von uns wäre in der Lage, dessen Bewusstsein im Bardo zu finden, geschweige denn, es in ein Buddhagefilde zu führen? Was für ein möglicher Nutzen könnte also für ein Wesen entstehen, wenn es von jemandem gegessen wird, der wie wir Anfänger auf dem Weg ist, kaum Erfahrung hat und selber in Samsara gefangen ist?

Zugegebenermaßen gibt es aber außergewöhnliche Wesen, die auf dem Weg weit fortgeschritten sind und mit denen jeglicher Kontakt – gemäß dem Prinzip der Interdependenz – eine Verbindung zur Lehre herstellt und eine Quelle großen Segens ist. Es gibt in der Tat vollendete

Meister und Yogis, die fähig sind, Wesen zu nützen, indem sie ihr Fleisch essen. Shabkar war sich dessen bewusst und warnte seine Schüler, im Hinblick auf sie vorsichtig zu sein und sich jeglicher Kritik zu enthalten. Dieses Thema wird ausführlich in dem Text *Manifestierte Schrift über die reine Sichtweise* behandelt, in dem Shabkar sich von seiner sonst üblichen Betonung der Entsagung und des Geistestrainings trennt und sich mit der für das geheime Mantrayana charakteristischen Nutzung von Sinnesfreuden und Glückseligkeit befasst. Er beschreibt ausführlich die Art von Menschen, die dafür qualifiziert sind, derartige Techniken korrekt anzuwenden, ohne sich und andere in Gefahr zu bringen.

In Beziehung zu diesen Wesen befindet sich der gewöhnliche Mensch auf einer Gratwanderung, hat doch jeder eine natürliche Tendenz, den Charakter und das Verhalten anderer zu beurteilen und mit sich selbst zu vergleichen. Unter normalen Bedingungen sind diese Vergleiche nicht unbedingt unangebracht und können sogar nützlich sein. Aber wenn jemand so unklug ist, sich mit einem vollendeten Meister zu messen und sich herausnimmt, ihn zu kritisieren, können die karmischen Konsequenzen sehr ernst sein.[25] In seinem Nachwort zu *Manifestierte Schrift über die reine Sichtweise* bemerkt Shabkar, er habe sich oft Gedanken über die Wichtigkeit eines solchen Textes gemacht, da ihm während seiner Reisen die allgemeine Tendenz aufgefallen sei, bestimmte Praktizierende des Vajrayana dafür zu kritisieren, Fleisch, Alkohol und Sex nicht aufzugeben. Und an anderer Stelle bemerkt er dazu, da man in der Regel die spirituelle Ebene anderer nicht beurteilen könne, sei es immer vorzuziehen, das Beste anzunehmen, die reine Sichtweise zu praktizieren und sich jeglicher Kritik an Menschen zu enthalten, deren spirituelle Verwirklichung der unseren weit überlegen sein könnte. Reine Sichtweise ist tatsächlich eines der Hauptmerkmale des Mantrayana. Nachdem er erklärt, warum es im Allgemeinen im Geheimen praktiziert wird, schließt Shabkar: „Man muss aufpassen und eine reine Sichtweise der Aktivitäten der Bodhisattvas und der berühmten Siddhas kultivieren. Andrerseits sollten unerfahrene und unreife Schüler nicht leichtsinnig versuchen, sie zu imitieren."[26]

Das Argument, Tieren zu helfen, indem man sie isst, ist eindeutig in der Mehrzahl der Fälle absurd. In einem langen Gedicht bezieht sich Shabkar in seiner Autobiographie mit ironischem Humor auf dieses Thema. Er beschreibt, wie er auf einer Wiese sitzend von einer großen Herde von Ziegen und Schafen umgeben ist. Ein altes Schaf kommt und spricht zu ihm und beklagt sich über das fürchterliche Schicksal von Haustieren, selbst in einem frommen Land wie Tibet.

Kommen Lamas zu Besuch,
Liegt das Schicksal von Ziegen und alten Mutterschafen
In ihren Händen.
Jetzt, im Bardo und in zukünftigen Leben,
Ist der Guru unsere einzige Hoffnung.
Habt Erbarmen mit uns!
Lasst uns nicht im Stich in diesem Moment der Hoffnung!

Lasst uns unser Leben zu Ende leben
Oder führt uns im Tod in höhere Bereiche,
Sonst ist in diesem Leben
Und auch im nächsten Leiden unser Los.
Ein Leben nach dem anderen
Werden wir geschlachtet und wieder geschlachtet.
Lasst eure Weisheit, euer Mitgefühl und eure Macht
Nicht so schwach sein!

Den Hut in der Hand, kommen die Gönner
Und bitten euch, ihr Lamas:
„Kommt zu uns nach Hause!"
Aber tut nicht so, als wüsstet ihr nicht,
Dass, wenn sie euch begrüßen,
Sie schon im Geiste uns, die Schafe, schlachten.

Wenn der Lama dann ins Haus kommt
Werden wir da draußen geschlachtet,

Gleich bei der Tür!
Tut nicht so, als wüsstet ihr das nicht,
Ihr, die ihr doch allwissend seid!

Shabkar antwortet mit dem üblichen Argument. Während all ihrer vergangenen Leben hätten die Tiere auch nicht ein einziges Mal etwas zum Erhalt der Lehren beitragen können. Sie sollten sich jetzt über solch eine Gelegenheit freuen! Durch das Hingeben ihrer Körper als Nahrung für die Lamas, täten sie etwas Lohnendes. "Ist es nicht edel, seinen Körper für den Dharma aufzugeben?", ruft Shabkar aus. Aber die Tiere selbst haben das letzte Wort. Als ich das gesagt hatte, riefen die Tiere einstimmig: „Hilfe! Der ist auch einer von *diesen* Lamas!" Und entsetzt stürmten sie davon.

Die Vorstellung, es wäre mitfühlend anderen Wesen gegenüber, ihr Fleisch zu essen, ist sicherlich befremdlich. Wenige würden leugnen, dass, hätten wir die Wahl, eine Verbindung zum Dharma um den Preis des Gegessenwerdens zu bekommen, der Dharma wohl etwas wäre, auf das wir gern verzichteten. Es liegt auf der Hand, dass das Verwenden derartiger Argumente nicht gerade ein Ausdruck großer Tierliebe ist, sondern ein Stück eigennütziger Heuchelei, benutzt, um ganz gewöhnliche Gelüste zu verbergen. Wenn es einem wirklich um die Tiere ginge und man ihnen eine Verbindung zum Dharma verschaffen wollte, wäre es weitaus vernünftiger und effektiver, sie dem Schlächter abzukaufen und sie, nachdem man ihnen gesegnete Substanzen zu essen gegeben hat, in ihren natürlichen Lebensraum freizulassen.

Schließlich gibt es noch ein Argument, das manchmal angeführt wird, um die Position derer zu schwächen, die sich für einen Verzicht auf Fleisch einsetzen. Tatsache ist, dass die Erzeugung aller Lebensmittel, einschließlich Gemüse und Getreide, den Tod von Lebewesen mit einschließt. Bei der Kultivierung von Saaten und der Herstellung von vegetarischen Nahrungsmitteln werden viele Insekten und Kleinlebewesen getötet. Wo ist also der Unterschied zwischen einer Ernährung, die auf Pflanzen oder auf Fleisch basiert? Auf den ersten Blick scheint diese Ansicht berechtigt, sterben doch tatsächlich Unmengen von Insekten, besonders durch die modernen Anbaumethoden. Kurzes Nachdenken wird uns aber zeigen, dass das Argument, generell und auch vom praktischen Standpunkt aus, falsch ist. Mitgefühl und auch der Wunsch vor Leid zu beschützen – innere Qualitäten, die wesentlich für die buddhistische Sichtweise sind – beruhen in erster Linie auf der Absicht. Das beabsichtigte Töten von Tieren ist aber untrennbar mit der Fleischproduktion verbunden, Fleisch kann nicht anders zur Verfügung gestellt werden. Das wiederum trifft für die Produktion von Getreide, für die die Zerstörung von Lebewesen nicht Voraussetzung ist, wie groß ihre Anzahl auch sein mag, nicht zu. Hier wird der Tod der Wesen aus Motiven wie Leistungsfähigkeit und Profit verursacht. Jeder Gärtner weiß, dass er Gemüse anbauen kann, ohne Insekten zu töten, *es sei denn, es geschieht ungewollt.* Das Essen von Gemüse schließt also nicht automatisch den Wunsch mit ein, dass andere ihr Leben lassen müssten. Wie könnte aber jemand Fleisch essen und ernsthaft wünschen, dass das betreffende Tier am Leben bliebe? Auf jeden Fall kann das Argument, das benutzt wird, um die vegetarische Lebensweise irrational erscheinen zu lassen oder lächerlich zu machen, nicht angeführt werden, ohne die Position derer, die es benutzen, zu untergraben. Denn wie jeder weiß, erfordert z.B. die Aufzucht von Rindern enorme Mengen an Getreide, mit dem entsprechenden Verlust an Insektenleben, die dem Tod der betreffenden Schlachttiere noch hinzuaddiert werden müssen. So erweist sich die vegetarische Lebensweise doch wieder als ein wirksamer Weg, das Gemetzel zu reduzieren!

Zusammenfassung

Für viele von uns, sogar für überzeugte Buddhisten, die schon viele Jahre praktizieren, scheinen Shabkars Worte zu streng. Seit frühester Kindheit sind wir daran gewöhnt, Fleisch zu essen und vielerlei Tierprodukte zu benutzen. Wir gehören einer Gesellschaft an, in der der Konsum von Fleisch empfohlen und als normal angesehen wird. Letztendlich lieben wir alle leckeres Essen, und unseren kulinarischen Traditionen entsprechend mögen wir Fleisch nicht weniger als die Tibeter. Angesichts des vielseitigen Angebots an Fleischwaren in unserer reichen Gesellschaft scheint unsere Vorliebe dafür eher noch ausgeprägter zu sein. Es kommt hinzu, dass es uns vom körperlichen Standpunkt aus wirklich schwerfällt, ohne Fleisch und Fisch auszukommen. Und vielleicht steht aus sozialen Gründen, aus Rücksicht auf unseren familiären und beruflichen Status, eine radikale Veränderung unserer Essgewohnheiten nicht zur Diskussion. Doch gleichzeitig müssen wir zugeben, dass viele der üblichen Argumente, die allgemein benutzt werden, um das Fleischessen zu rechtfertigen und Schuldgefühle abzuschwächen – und die auch wir vielleicht benutzt haben, um unser schlechtes Gewissen zu beruhigen – von Shabkar demoliert werden, indem er zeigt, dass sie entweder unhaltbar oder schlicht dumm sind. Angenommen also, dass Shabkars Lehren ehrlich und wahr sind, wie können wir sie, unseren Möglichkeiten und Umständen entsprechend, in unser Leben integrieren?

Entscheidend ist, sich zu erinnern, dass Shabkar, wie der Buddha selbst, ein Lehrer war, dem es nur darum ging, Wesen auf den Weg zu bringen und ihnen zu helfen, Fortschritte im Hinblick auf Freiheit und Erleuchtung zu machen. Fortschritt ist das Stichwort. Obwohl in den buddhistischen Lehren nicht gezögert wird, die karmischen Konsequenzen des Handelns aufzuzeigen und entsprechende Warnungen auszusprechen, steht das Aufzwingen von engen Moralvorschriften, die um jeden Preis durch Verleugnen und Unterdrücken von alten Gewohnheiten und Bedürfnissen befolgt werden müssen, dem buddhistischen Geist entgegen – und ist ohnehin ein hoffnungsloses Unterfangen. Stattdessen wird der Dharma oft wie eine Medizin, eine Therapie, verschrieben, mit deren Hilfe schlechte Angewohnheiten und Bedürfnisse untersucht und von innen her transformiert werden können. Es werden Techniken angewendet, vor allem schrittweise, die den persönlichen Fähigkeiten und Situationen entsprechen, sodass die Lehre nicht als eine Ansammlung von strengen Vorschriften verstanden wird, sondern als ein Weg zum Erlangen innerer Freiheit. Ziel ist es nicht, durch einen drakonischen Willensakt sein Verlangen nach Fleisch zu unterdrücken und die Verwendung von Tierprodukten aufzugeben. Stattdessen sollen wir tiefes Mitgefühl und Sensibilität für die Leiden der Tiere entwickeln, sodass das Verlangen, sie auszunutzen und zu essen, auf natürliche Weise verschwindet. Shabkars Hauptanliegen ist nicht, Schuld- oder Minderwertigkeitsgefühle hervorzurufen, sondern den Geist auf neue und edlere Ziele auszurichten.

Im Augenblick mag es uns noch schwerfallen, Fleisch und Annehmlichkeiten aufzugeben, wie Leder, Waschmittel, Kosmetika, usw., die mit Methoden hergestellt werden, die die Ausbeutung und Qual von Tieren voraussetzen. Auch wenn uns das jetzt noch unmöglich ist, können wir doch eine Menge tun, um die karmische Situation zu verbessern und den Geist vorzubereiten, sodass, wenn sich schließlich die Gelegenheit bietet, Veränderung möglich und sogar leicht ist.

Die erste und wichtigste Aufgabe ist, sich zunächst bewusst immer wieder daran zu erinnern, was der Fleischkonsum beinhaltet und die Bereitschaft, hinter die verlogene Werbung der Fleischindustrie zu schauen, die alles tut, um hinter einer Fassade von ästhetischen und sentimentalen Anzeigen (niedliche Lämmer, drollige Hühner, usw.), die schreckliche Realität der Massenaufzucht und Schlachthäuser zu verbergen, alles nur aus einem einzigen Grund: Uns mit genügend und preiswertem Fleisch zu versorgen. Viele von uns essen Fleisch, wenige jedoch hätten den Mut, sich die Orte anzuschauen, wo es produziert wird – nicht nur die Panik und Agonie der täglich zu Tausenden transportierten, selektierten und geschlachteten Tiere zu erleben, sondern auch die Rohheit und Brutalität ihrer Schlächter, die in unserem Auftrag arbeiten, um uns mit Fleisch zu versorgen.

Bedürfnisse und Verlangen machen uns leider nur allzu leicht Opfer von Täuschung und Heuchelei. Und doch, ist es nicht genau hier, auf der Ebene unserer täglichen Ernährung, wo die Prinzipien der Lehren des Geistestrainings am ehesten vernachlässigt und verleugnet werden? Zu vergessen, wo unser Essen herkommt, zu ignorieren, wie und zu welchem Preis es produziert wurde, gefühllos zu essen, Fleisch routinemäßig zu konsumieren, ohne auch nur einen einzigen Gedanken an das darin enthaltene Leid zu verschwenden, bedeutet sich von den Wesen abzuwenden. Es bedeutet, sie einem unüberschaubaren, namenlosen Ozean des Leidens zu überlassen. Wie kann das mit der Lehre Buddhas vereinbar sein? Natürlich mag es uns einfach zu schwer fallen, das Fleischessen oder den Gebrauch von Tierprodukten aufzugeben. Selbst in diesem Fall, ist ein Gefühl des Bedauerns und der Wunsch, die Situation wäre anders, wirklich entscheidend und unendlich wertvoll. Sie sind ein Schritt in die richtige Richtung. Es erfordert Mut, ein Prinzip oder ein Ideal anzuerkennen, auch wenn man ihm nicht entsprechen kann, und doch ist es dieses Anerkennen, das die Tür zu Veränderung und Fortschritt öffnet. Der Rest wird schrittweise im Rahmen der eignen Möglichkeiten folgen. Aus welchem Grund auch immer – seien es körperliche Bedürfnisse, soziale Situation oder die Macht des Verlangens – man unfähig sein mag, das Fleischessen aufzugeben, so könnte man doch weniger essen oder Fleisch auswählen, das den geringsten Verlust an Lebewesen beinhaltet. Dasselbe gilt für diejenigen, die Fleisch zwar völlig aufgeben, denen es aber noch schwerfällt, auf Fell für ihre Mäntel, Leder für ihre Schuhe, bestimmte Seifensorten, usw., zu verzichten. Moralischer Fortschritt wird durch die Kultivierung eines einfühlsamen Bewusstseins und nicht durch äußerliche Spitzfindigkeiten möglich. Und letztendlich werden wir an dem Punkt ankommen, an dem unser Lebensstil und unsere körperlichen Bedürfnisse nicht mehr zwangsläufig Schrecken und Schmerz für andere Wesen bedeuten müssen.

Shabkars Überzeugungen und Gefühle zwangen ihn, andere zu ermahnen und sie zur Praxis von konkretem Mitgefühl für alle Wesen, Menschen wie Tiere, zu ermutigen. Aber er war realistisch genug, zu akzeptieren, dass er in Tibet zu einer Minderheit sprach. "Es ist sehr gut möglich", schreibt er, „dass mir keiner zuhören will oder kann. Andrerseits könnten es ein oder zwei intelligente und mitfühlende Menschen doch tun. Zu ihren Gunsten muss ich also diese Lehre nach bestem Können und Wissen verbreiten."[27]

Gegen Ende von Shabkars Leben machte Patrul Rinpoche, berührt von den Geschichten, die er gehört hatte, die lange Reise von Kham nach Amdo, um ihn zu treffen. Auf halbem Weg erreichte ihn die Nachricht, dass Shabkar gestorben sei. Er machte hundert Niederwerfungen in die Richtung von Amdo und sang ein Wunschgebet für Shabkars schnelle Wiedergeburt. „Mitgefühl und Liebe", rief er aus, „sind die Wurzeln des Dharma. Ich glaube, in der ganzen Welt gibt es keinen Menschen, der mitfühlender ist als Lama Shabkar. Ich wollte ihn nichts Besonderes fragen, ihn um keine Belehrung bitten und ihm auch keine geben. Ich wollte nur sein Gesicht sehen und dadurch etwas Verdienst ansammeln."[28]

Obwohl Shabkar das Thema des Fleischessens in mehreren seiner Schriften behandelt,[29] sind die beiden hier übersetzten Texte von besonderem Interesse. Der erste ist ein Ausschnitt aus *Wundersam erschienener Text*[30], der das Unrecht des Fleischessens (*sha´i nyes dmigs*) behandelt und weitgehend aus teilweise sehr langen Zitaten aus Schriften des Mahayana und Belehrungen großer Meister aller Schulen des tibetischen Buddhismus besteht. Abgesehen von der inspirierenden Qualität dieser Zitate ist diese Sammlung deshalb interessant, weil sie zeigt, dass es entgegen der allgemeinen Auffassung eine Verurteilung des Fleischessens in den Sutras gibt. Man findet sie auch in den Tantras, einschließlich der höchsten Tantras auf der *anuttarayoga* Ebene. Der zweite Text, *Nektar der Unsterblichkeit*[31], ist eine Abhandlung, die in sich selbst geschlossen ist. Sie ist eine Zusammenfassung von Shabkars machtvollsten Aussagen zu diesem Thema und stellt so etwas wie die leidenschaftlichste Anklageschrift zum Fleischessen in der tibetischen Literatur dar. Dieser Text wurde in Manuskriptform von Mathieu Ricard wiederentdeckt, als er im Jahr 2001 Amdo besuchte, und zwar in einem Kloster im Sophon-Tal, nicht weit von Rekong, wo auch heute noch viele Yogis und Praktizierende von Shabkars Linie leben.

Das Unrecht des Fleischessens

Im *Lankavatara-Sutra* heißt es:

NACHDEM DER GROSSE BODHISATTVA Mahamati vor dem Buddha einige Verse rezitiert hatte, sprach er die folgende Bitte aus:

„Herr und Tathagata, Vernichter der Feinde[1] und vollkommener Buddha, ich bitte Dich, sage mir, wie ich und andere Bodhisattva Mahasattvas, heute und in zukünftigen Zeiten, das Verlangen nach dem Geschmack von Fleisch in denen beseitigen können, die von der Angewohnheit verunreinigt sind, das Fleisch und Blut von Lebewesen zu sich zu nehmen. Ich beschwöre Dich, Herr, verbreite die Lehre, dank derer sie das Fleischessen als unrechtmäßig erkennen, und stattdessen nach dem Geschmack des Dharma verlangend, die Art von Liebe entwickeln, die alle Wesen einschließt und sie wie ihre eignen Kinder schätzen lässt. Erkläre Deine Lehre, sodass sie, von Liebe erfüllt, auf dem Weg der Verwirklichung der Bodhisattvas voranschreiten und schnell die vollkommene und unübertroffene Erleuchtung erlangen oder, wenn ihnen das noch nicht möglich ist, sich im Zustand der Shravakas und Pratyeka-Buddhas erquicken, um dann auf dem Weg des unübertrefflichen Buddha-Zustandes voranzuschreiten. Sogar jene, Herr, die dem Dharma nicht folgen und falsche Lehren verbreiten, die einem Glauben an die Extreme von Existenz und Nicht-Existenz verfallen sind und entweder an eine ewig existierende Wesenheit oder die nihilistische Leere der Materialisten glauben – sogar sie verbieten das Essen von Fleisch. Sogar sie enthalten sich dessen! Du aber, Herr, Beschützer der Welt, verbreitest eine Lehre, die von Mitgefühl durchdrungen ist. Sie ist die Lehre der vollkommenen Buddhas. Und trotzdem essen wir Fleisch; wir lassen nicht davon ab. Deshalb, damit ich und die anderen großen Bodhisattvas Deine Lehre so wie sie wirklich ist verbreiten können, flehe ich Dich an, offenbare das Unrecht des Fleischessens im Namen des Mitgefühls, mit dem Du alle Wesen der Welt mit ein und derselben Liebe betrachtest."

Buddha gab zur Antwort: „Mahamati, höre gut zu und bewahre das, was ich Dir sage im Gedächtnis. Denn Deine Bitte ist ausgezeichnet, und ich werde Dich unterweisen."

Und der Bodhisattva, der erhabene Mahamati, hörte dem Buddha aufmerksam zu, der sprach:

„Mahamati", sagte er, „ein liebender und mitfühlender Bodhisattva sollte kein Fleisch essen. Dafür gibt es unzählige Gründe, von denen ich Dir einige erklären will. Es ist nicht leicht, Mahamati, ein Wesen zu treffen, das in den endlosen Zeiten von Samsara nicht einmal Dein Vater oder Deine Mutter, Dein Bruder oder Deine Schwester, Dein Sohn, Deine Tochter, ein Verwandter, Freund oder enger Begleiter gewesen ist. In einer Existenz Deine Angehörigen und Dir Nahestehenden, haben sie in späteren Leben eine andere Form angenommen. Sie sind Tiere geworden, wild oder zahm, Vierfüßler oder Vögel. Bodhisattva, erhabenes Wesen, Mahamati, wie könnten alle diejenigen, die Vertrauen zum Buddhadharma haben, die in meine Fußstapfen treten wollen, das Fleisch von Lebewesen verzehren? Mahamati, sogar Dämonen hören auf, Fleisch zu essen, wenn sie den vollkommenen Dharma der Tathagatas hören; sie legen ihre dämonische Natur ab und werden mitfühlend. Muss ich dann noch diejenigen erwähnen, die einen echten Glauben an den Dharma haben? Mahamati, da die Bodhisattvas alle Wesen – die Freunde und Nahestehenden früherer Leben, wie ihre eignen Kinder ansehen, müssen sie vor jeder Art von Fleisch zurückscheuen. Für diejenigen, die sich dem Bodhisattva-Weg gewidmet haben, ist es unpassend, ist es falsch, Fleisch zu sich zu nehmen. Sie sollten deshalb davon Abstand nehmen. Gewöhnliche, weltliche Menschen haben eine natürliche Abneigung gegen das Fleisch von Eseln, Kamelen, Hunden,

Elefanten und Menschen (obwohl Schlächter, um sich zu bereichern, behaupten, es sei essbar und es in den Gassen aushängen). Daraus folgt natürlich, dass sich Bodhisattvas jeglicher Art von Fleisch enthalten sollten. Mahamati, Bodhisattvas, die ein reines Leben führen möchten, sollten vor Fleisch zurückschrecken, da es nichts anderes ist, als das Resultat der männlichen und weiblichen essentiellen Flüssigkeiten.[2]

„Außerdem, Mahamati, Bodhisattvas, die alles, was lebt, liebevoll wertschätzen, sollten kein Fleisch essen, da sie auf keinen Fall mit körperlicher Form ausgestatte Wesen erschrecken möchten. Ô Mahamati , Hunde sind von Schrecken erfüllt, wenn sie, selbst in weiter Entfernung, Geächtete wie Schlächter, Fischer oder Jäger zu Gesicht bekommen – die ja auch das Fleisch von Hunden essen. Sie meinen, diese Leute kommen, um sie zu töten und sterben fast vor Angst. Und ebenso, Mahamati, wenn kleine Tiere, auf der Erde, in der Luft oder im Wasser, schon von weitem jemanden, der Fleisch isst, sehen oder mit ihren scharfen Sinnen wittern, flüchten sie so schnell, wie ein Mensch, aus Angst gefressen zu werden, vor einem Kannibalen flieht. Deshalb, Mahamati, um nicht für andere zu einem Grund des Schreckens zu werden, sollten Bodhisattvas, die ja von Liebe durchdrungen sind, Fleisch nicht anrühren. Gewöhnliche Wesen, Mahamati, die keine Aryas[3] sind, haben einen üblen Geruch, der von dem Fleisch herrührt, das sie verzehren. So werden sie abstoßend. Aber Aryas entsagen solcher Nahrung völlig, und deshalb sollten auch Bodhisattvas von Fleischessen Abstand nehmen, Aryas nehmen die Nahrung der Weisen zu sich; sie verzehren weder Fleisch noch Blut, und Bodhisattvas sollten es ihnen gleichtun.

„Mahamati, ein mitfühlender Bodhisattva, der vermeiden will Menschen zu schockieren, so dass sie meine Lehre in Verruf bringen könnten, sollte jegliches Fleisch ablehnen. So ist es, Ô Mahamati . Es gibt Menschen in der Welt, die meine Lehre kritisiert und gesagt haben: ‚O je, was ist das für eine Tugend, die diese Leute praktizieren? Sie haben keine reine Lebensweise. Sie geben auf, was die alten Weisen einst aßen und füllen jetzt ihre Bäuche mit dem Fleisch von Tieren. Sie verbreiten Angst und Schrecken unter den Tieren, die in der Luft, im Wasser und auf der Erde leben! Sie ziehen durch die Welt; sie praktizieren keine Tugenden mehr; sie geben das Böse nicht auf. Es fehlt ihnen an spirituellen Lehren, und sie haben keine Disziplin.' So prangern diese Menschen meine Lehre auf vielerlei Weise an. Deshalb, Mahamati, sollte ein mitfühlender Bodhisattva, der die Menschen nicht empören will, keinerlei Art von Fleisch zu sich nehmen.

„Bodhisattvas sollten kein Fleisch essen. Der Geruch von Fleisch, Ô Mahamati , ist nichts anderes als der Gestank von Leichen. Zwischen dem Gestank verbrennenden Fleisches von Leichen und dem des verbrannten Fleisches von Tieren ist kein Unterschied. Beides ist gleichermaßen abstoßend. Das ist noch ein anderer Grund, warum ein Bodhisattva auf dem Erleuchtungsweg, der ein reines Leben führen möchte, jegliches Fleisch ablehnen soll. Ebenso, Mahamati, Yogis, die auf Leichenplätzen oder in der von Geistern bewohnten Wildnis leben, Praktizierende in Einsamkeit und alle, die über liebende Güte meditieren und Vidya Mantras rezitieren, sowie all jene, die wünschen, es ihnen gleichzutun – kurz, alle meine edlen Söhne und Töchter, die den Mahayana Weg gehen – haben alle die gleiche Wahrnehmung, dass Fleischessen Hindernisse auf dem Erleuchtungsweg schafft. Und da sie sich selbst und anderen nützlich sein wollen, tun sie es nicht.

„Das Bewusstsein von Wesen ist auf ihre körperliche Form ausgerichtet; es entsteht ein starkes Haften an dieser Form, und so identifizieren sich die Lebewesen mit ihrem Körper. Deswegen sollte ein Bodhisattva, der Mitgefühl praktiziert, kein Fleisch essen.

„Ô Mahamati , um diese Dinge zu vermeiden, sollte ein Bodhisattva – einer, der Mitgefühl hat – niemals irgendwelches Fleisch essen. Ô Mahamati , Bodhisattvas enthalten sich jeglicher Art von Fleisch. Denn diejenigen, die sich von Fleisch ernähren, haben schon in diesem Leben einen fauligen, stinkenden Atem. Sie schlafen schlecht und wachen mit Schmerzen auf. Schauerliche Visionen verfolgen sie nachts in ihren Träumen, sodass ihnen die Haare zu Berge stehen. Allein, in der Einsamkeit oder auch in leeren Häusern, werden sie Opfer von Geistern, die kommen und ihnen ihre vitalen Kräfte rauben. Sie leiden unter häufigen Wutausbrüchen und plötzlichem Einsetzen von intensiver Beklemmung und Angst.

Sie verlieren jegliche Kontrolle über die Art, wie sie essen und stopfen sich übermäßig voll. Sie können feste Nahrung und Getränke oder lebenswichtige Nahrungsmittel nicht mehr richtig verdauen. Würmer befallen ihr Gedärm, und sie werden Opfer von ansteckenden Krankheiten, von Lepra und anderen Übeln. Und doch, obwohl so geplagt, glauben sie niemals, dass der Fleischverzehr dafür die Ursache sein könnte.

„Ich habe verkündet, dass Nahrung entweder so heilsam wie Medizin sein kann, oder so verderblich wie das als Nahrungsmittel verzehrte Fleisch von Kindern. Fleisch ist die Nahrung gewöhnlicher Menschen, Mahamati, aber Aryas lehnen es vehement ab. Der Fleischverzehr ist Quelle vieler Übel; er entbehrt jeglicher Tugend. Fleisch ist nicht die Art von Nahrung, mit der Weise sich am Leben erhalten. Wie könnte ich meinen Anhängern eine derartig ungesunde und unpassende Nahrung wie Fleisch und Blut gestatten? Ich sage stattdessen, Mahamati, dass diejenigen, die mir folgen, die Nahrung zu sich nehmen sollten, die die Aryas essen und die gewöhnlichen Leute ablehnen – Nahrung, die positive Qualitäten hervorbringt und frei von Makel ist – die gesunden Nahrungsmittel der Heiligen von früher. Meinen Schülern verschreibe ich eine geeignete Ernährung: Reis und Gerste, Weizen und Erbsen, alle Sorten von Bohnen und Linsen, Butter, Öl, Honig, Melasse, Früchte und Zuckerrohr. Ich tue das, Mahamati, weil die Zeit kommen wird, wenn Narren, voller Spekulationen im Geist, über die Vinaya-Regeln herumschwatzen werden. Und aus ihrer gewohnheitsmäßig starken Begierde nach Fleisch werden sie sagen, es sei eine gesunde Kost.

„Das alles lehre ich für diejenigen, die in die Fußstapfen der Buddhas der Vergangenheit treten wollen, die tugendhaft handeln, die treu sind und keine Zweifel haben. Sie sind die edlen Töchter und Söhne von Shakyamunis Linie, die nicht an ihrem Körper, ihrem Leben, Besitz und Geschmackssinn haften. Sie verlangt es nicht nach besonderen Leckerbissen und Geschmäckern; sie sind mitfühlend und wie ich, umfassen sie alle Lebewesen mit ihrer Liebe. Sie sind erhabene Wesen, Bodhisattvas. Sie schätzen alle Wesen so, als wären sie ihre eignen geliebten Kinder. Mögen sie diese Belehrung in ihrem Gedächtnis bewahren!

„Ô Mahamati , es lebte einmal ein König namens Senge Bangzang. Er war ein regelrechter Fleischfresser. Die Wahrheit ist, es verlangte ihn sogar nach dem Geschmack von verbotenen Fleischsorten, und er fing schließlich an, Menschenfleisch zu essen. Seine Familie, sein Hof, seine Verwandten und Freunde, sogar die Menschen aus seiner Stadt und dem ganzen Land, alle Wesen flohen vor ihm. So allein gelassen, litt er fürchterlich. Ô Mahamati , sogar Indra, als er in der Vergangenheit die Götter regierte, nahm aufgrund seiner Neigung zum Fleischverzehr zuweilen die Form eines Falken an und verübte viele grausame und böse Taten; er riss sogar dem unschuldigen Shiden, dem mitfühlenden König, die Brust auf und verursachte ihm damit große Schmerzen. Mahamati, die Gewohnheit, Fleisch zu essen, über viele Lebenszeiten hindurch angeeignet, ist der Grund für viele Fehler in einem selbst und Ursache von Üblem, das man anderen antut – selbst, wenn man als Indra geboren wurde, nicht zu reden von niedrigeren Wesen.

„Mahamati, es gibt eine andere Geschichte von einem Herrscher der Menschen, der von einem wilden und ungestümen Pferd vom Weg abgebracht wurde und sich verirrte und in der Wildnis umherwanderte. Um zu überleben, begann er, mit einer Löwin zusammenzuleben, und ihnen wurden schließlich Kinder geboren. Des Königs Nachkommen, Kangtra und seine Brüder wuchsen unter Löwen auf und wurden Fleischesser. Aufgrund der damals entstandenen Angewohnheit, pflegte Kangtra auch in seinen späteren Leben Fleisch zu essen, auch als er schließlich ein Herrscher über Menschen geworden war. Und, Mahamati, derselbe König Kangtra und seine Brüder haben sogar in ihrer jetzigen Existenz in der Stadt Khyimdun ihre Gier nach Fleisch noch immer nicht aufgegeben und essen sogar verbotenes Fleisch, wofür sie später eine Wiedergeburt als fleischfressende männliche und weibliche Dämonen haben werden. In der Zukunft, Mahamati, in ihren darauffolgenden Leben, werden sie aufgrund ihres Verlangens nach dem Geschmack von Fleisch, als fleischfressende Tiere wiedergeboren werden – als Tiger, Löwen, Leoparden, Wölfe, Katzen, Füchse und Eulen – und als *Rakshasas* und andere Dämonen, alle grausame Fleischfresser. Nach diesen Erfahrungen wird es schwer für sie sein, jemals wieder in einer menschlichen Form geboren zu werden, geschweige denn, Nirvana zu erlangen. Das, Mahamati, sind die Nachteile des Fleischessens, und so sieht tatsächlich das Schicksal von denen aus, die es in großen Mengen konsumieren. Demgegenüber ist das Aufgeben des Fleischessens Ursache vieler außergewöhnlicher Qualitäten. Aber, Mahamati, gewöhnliche Menschen wissen von alledem nichts, und damit auch sie verstehen können, habe ich gelehrt, dass Bodhisattvas kein Fleisch essen sollen.

„Wenn die Menschen davon Abstand nehmen würden, Fleisch zu essen, Mahamati, es würden keine Tiere mehr umgebracht. Denn die Mehrzahl unschuldiger Tiere wird um des Geldes willen geschlachtet; nur wenige werden aus anderen Gründen getötet. Das Verlangen nach dem Geschmack von Fleisch kann unerträglich stark werden und dazu führen, dass man sogar Menschenfleisch isst, nicht zu reden vom Fleisch von Vierfüßlern und Vögeln, wild oder zahm. Mahamati, Menschen, welchen es begierig nach dem Geschmack von Fleisch gelüstet, stellen Fallen auf und legen Netze, um ihre Beute zu fangen. Mit solchen Tricks rauben Jäger, Schlächter, Fischer und ihresgleichen unschuldigen Kreaturen auf der Erde, in der Luft und im Wasser das Leben. Grausame Menschen wie sie, die erbarmungslos Tiere töten und sie dann verschlingen – gleich dämonischen Rakshasas – solche Menschen werden niemals Mitgefühl entwickeln.

„Mahamati, jede Art von Fleisch, sei es das, was ich den mir nahestehenden Shravakas zu essen gestattet habe, oder das, was ich nicht

gestattet habe und alles Fleisch, das als nicht untersucht[4] gilt, ist schädlich. In kommenden Zeiten jedoch, wird der Geist törichter Menschen,
die in meiner Tradition ordiniert sind, das Siegesbanner der safranfar-
benen Roben hochhalten und behaupten, Kinder Shakyamunis zu sein,
von falschen Ideen irregeführt sein. Sie werden sich in Spekulationen
über die Regeln des Vinaya verlieren. Sie werden ein starkes Haften
an ihrem Ich haben und heftiges Verlangen nach Fleisch. Sie werden
alle möglichen Entschuldigungen für das Fleischessen erfinden und
so meinen Ruf schwärzen. Sie werden historische Ereignisse der Vergangenheit untersuchen und sagen: ‚Da Buddha es damals erlaubt hat,
Fleisch zu essen, zeigt doch, dass es ein geeignetes Nahrungsmittel ist'.
Sie werden sagen, Buddha habe gelehrt, Fleisch sei eine gesunde Nahrung und so weit gehen zu behaupten, er selbst habe seinen Geschmack
köstlich gefunden. Aber, Mahamati, in keiner meiner Lehrreden habe
ich jemals eine so allgemeine Erlaubnis gegeben, und niemals habe ich
gelehrt, Fleisch als eine heilsame Kost anzusehen.

„Ô Mahamati , Du magst glauben, ich hätte Fleischessen erlaubt;
Du magst glauben, Shravakas könnten es essen. Ich sage Dir jedoch,
dass ich es den Yogis, die auf Leichenplätzen leben und über Liebe meditieren, verbiete. Ich verbiete es meinen edlen Söhnen und Töchtern,
die auf dem Weg des Mahayana sind und alle Wesen als ihre geliebten
Kinder ansehen. Mahamati, tatsächlich untersage ich allen, Fleisch zu
essen, die die Lebewesen wie ihre einzigen Kinder betrachten – den
Söhnen und Töchtern meiner Linie, die Vertrauen zum Dharma haben und einen der verschiedenen Praxiswege betreten haben, den Yogis
auf Leichenplätzen und denen, die in der Einsamkeit meditieren. Die
Richtlinien meiner Lehre wurden schrittweise entwickelt und sind auf-
einander folgende Stufen auf einem einzigen Weg. Dementsprechend
wird das Fleischessen in den Verhaltensregeln des Mahayana verboten.
Obwohl das Fleisch von wilden Tieren, die auf die zehn natürlichen
Weisen gestorben sind, den Shravakas erlaubt ist, so ist doch im Mahayana jegliches Fleisch unter allen Umständen absolut verboten. Und
deshalb, Mahamati, habe ich niemandem gestattet, Fleisch zu essen.[5]

Ich gebe die Erlaubnis nicht und werde es niemals tun. Allen, die die Robe tragen, Ô Mahamati, erkläre ich, dass Fleisch eine ungeeignete Nahrung ist. Dumme Leute, die von ihrem Karma verdunkelt sind, die meinen Ruf schänden, indem sie behaupten, sogar der Tathagata hätte Fleisch gegessen, werden lange und sinnlos leiden und keinerlei Freude haben. Es kommt hinzu, Mahamati, dass meine edlen Shravakas tatsächlich nicht einmal gewöhnliche Nahrung essen; wie könnten sie da jemals die schändliche Kost von Fleisch und Blut zu sich nehmen?

Ô Mahamati, die Shravakas, Pratyeka-Buddhas und Bodhisattvas leben von der Nahrung des Dharma, die in keiner Weise materiell ist. Muss man da noch die Nahrung der Tathagatas erwähnen? Mahamati, die Tathagatas sind der *Dharmakaya*; sie erhalten sich mit der Nahrung des Dharma. Ihre Körper bestehen nicht aus grober Materie; sie erhalten sich nicht mit materieller Nahrung. Sie haben alle Neigungen abgelegt, die mit Samsara in Verbindung stehen: Das Dürsten nach Existenz und den Dingen dieses Lebens. Sie sind völlig freigemacht von allen schädlichen und unreinen Tendenzen; ihr Geist ist vollkommen in Weisheit befreit. Sie wissen alles; sie sehen alles. Sie sind von großem Mitgefühl erfüllt und lieben alle Wesen, als wären sie ihre eigenen Kinder. Deshalb, Ô Mahamati, da ich alle Lebewesen als meine Kinder betrachte, wie könnte ich den Shravakas gestatten, das Fleisch meiner Kinder zu essen? Und wie könnte ich selbst es tun? Es ist falsch, zu behaupten, ich hätte den Shravakas gestattet, Fleisch zu essen und dass ich selbst es gegessen hätte. Denn es ist so:

Die Bodhisattvas, mächtige Wesen,
Nehmen keinen Alkohol zu sich;
Sie essen weder Fleisch noch Knoblauch oder Zwiebeln.
So haben die Erleuchteten, die Anführer der Gemeinschaft,
*   es gelehrt.*
Gewöhnliches Volk jedoch isst übelriechende Kost;
Unpassend ist ihr Handeln.

Denn Fleisch ist Nahrung wilder, heißhungriger Tiere.
Es ist ungehörige Nahrung, so lehrte es Buddha.
Der Schaden, der entsteht, wenn man es isst,
Die Qualitäten, die sich entwickeln, wenn man sich dessen enthält,
Was mit denen geschieht, die es verzehren,
All das, Ô Mahamati , sollst Du erkennen.

Alles Fleisch, von Tieren wie auch das der eigenen Freunde,
Entsteht aus unreinen Substanzen, Blut und Samen;
Und die, die sich von Fleisch ernähren, werden
    zu einer Quelle der Angst.
Aus diesem Grunde sollen Yogis es nicht essen.
Jede Art von Fleisch, Knoblauch und Zwiebeln,
Alkoholische Getränke in jeder Form,
Lauch, auch wilder Knoblauch – all das
Ist Nahrung, die ein Yogi abweisen sollte.
Massagen mit Öl verschmähen sie;
Und da es auf dem Bett geschieht,
Dass Lebewesen in den Schoß der Pein eintreten,
schlafen oder ruhen Yogis nicht auf ihm.

Von solcher Nahrung kommt der Hochmut des Selbst,
Und aus diesem entstehen dann die Gedanken; ihnen schließlich
erwachsen Verlangen und Gier in ihrer ganzen Kraft.
Verweigern sollst Du darum solche Nahrung.
Tatsächlich sind die Gedanken Ursache des Verlangens;
Durch Verlangen wird der Geist dann dumpf.
Die Dumpfheit stört hierauf des Körpers Elemente;
Krankheit entsteht, und jede Bewegung wird zur Last.

Um des Profites willen werden Tiere geschlachtet,
Und Reichtum entsteht im Austausch gegen Fleisch.
Schlächter, Käufer, beide sind gefangen in der Sünde,
Und beide werden kochen in Höllen lauten Wehgeschreis.

Alle, die gegen Buddhas Wort verstoßen,
Und mit übler Gesinnung Fleisch verzehren,
Zerstören ihr Leben, jetzt und in der Zukunft,
Und machen Shakyamunis Disziplin zunichte.

Solche Menschen, böse in ihrem Handeln, begehren das,
Was Höllen ohne Ende bringt;
Das Schicksal derer, die vom Fleisch sich nähren,
Liegt in dem Haus des grauenvollen Klagens.
Es gibt kein Fleisch, das dreifach rein ist,[6]
Und deshalb darfst Du es auch nicht mehr essen.

Wahre Yogis essen kein Fleisch:
Das ist meine Anweisung und die aller Buddhas.
Kreaturen, die sich gegenseitig verschlingen,
Werden als fleischfressende und übelriechende Bestien
wiedergeboren.
Geistesgestört oder allgemein verachtet,
Werden sie unter Ausgestoßenen geboren:
Als Schlächter, Färber, Dirnen, niedersten Ranges,
Oder als fleischfressende Bestien und Gespenster.
Und nach diesem, ihrem jetzigen Leben,
Kommen sie wieder als Katzen oder böse Geister.

Und so prangere ich in all meinen Lehren das Essen von Fleisch an:
In den Parinirvana und Angulimala,
Lankavatara, Hastikakshya und Mahamegha Sutras.[7]
Und deshalb haben beide, die Buddhas und die Bodhisattvas
Und auch die Shravakas es kritisiert,
Das schamlose Essen des Fleisches fühlender Wesen..
In allen zukünftigen Leben führt es zu Wahnsinn.

Wenn Du hingegen von Fleisch und anderer übler Kost lässt,
Wirst Du in reiner und menschlicher Form geboren,

Als Yogi oder als Mensch, reich an Weisheit und Gut.
Das Fleisch von Tieren, deren Schlachtung ihres Fleisches wegen
Du gesehen oder gehört hast oder nur vermutest,
ganz und gar leg ich sein Übel offen.
Jene aus Familien, in welchen man Fleisch isst,
Wissen von alledem nichts, obwohl sie so klug sind.
Ebenso wie Begierde die Freiheit beschneidet,
Tun es auch Alkohol und Fleisch.
Wenn Menschen in zukünftigen Zeiten Fleisch essen,
Werden sie aus Dummheit sagen, Buddha hätte erklärt,
Dass Fleischessen ohne Sünde und in Ordnung sei.
Doch Yogis, bescheiden in dem, was sie essen,
Für welche Nahrung nur wie Medizin ist,
Sollten nicht das Fleisch von Wesen essen,
Die wie ihre eignen Kinder sind.

Diejenigen, die es Tigern, Löwen und dem schlauen Fuchs gleichtun,
Missbillige ich – ich, der in der Liebe ruht.
Fleisch zu essen steht im Widerspruch zum Dharma, dem Weg
   zur Freiheit.
Diejenigen, die Dharma praktizieren;
Sollen sich vom Fleisch abwenden,
Denn essen sie es, werden sie anderen Wesen zur Quelle von Angst.
Vom Fleisch zu lassen – dies ist das Siegesbanner Edler Wesen.

So schließt das sechste Kapitel des *Lankavatara-Sutra*, die Quintessenz von Buddhas Lehren, die Frage des Fleischessens behandelnd.

Die folgende Passage stammt aus dem *Mahaparinirvana-Sutra*:

DANN WANDTE SICH der Bodhisattva Kashyapa an den gesegneten Herrn und sprach:

„Herr, Du nimmst kein Fleisch zu Dir, und tatsächlich ist es nicht richtig, Fleisch zu essen. Und wenn jemand mich fragen würde, warum das so ist, würde ich antworten, dass diejenigen, die das Fleischessen unterlassen, acht außergewöhnliche Qualitäten besitzen."

„Das ist sehr gut so", antwortete Buddha dem Kashyapa, „Du verstehst gut die Absicht meines Geistes. So sollten Bodhisattvas, die Hüter meiner Lehre, es tatsächlich verstehen. Sohn meiner Linie, sogar die Shravakas, die immer in meiner Nähe sind, dürfen kein Fleisch essen. Selbst wenn ihnen Almosengeber in treugläubiger Geste Fleisch anbieten, sollten sie davor zurückschrecken, als wäre es das Fleisch ihrer eignen Kinder."

Dann fragte der Bodhisattva Kashyapa den Buddha: „Aber warum, Herr und Tathagata, verbietest Du tatsächlich den Verzehr von Fleisch?"

„Sohn meiner Linie!", antwortete der Buddha, „Fleischessen zerstört die Geisteshaltung großen Mitgefühls."

„Aber, Herr, hast Du nicht in der Vergangenheit den Verzehr von Fleisch gestattet, das nach der dreifachen Untersuchung als geeignet befunden wurde?"

„Ja", sagte der Buddha, „ich habe das Essen von Fleisch, das nach der dreifachen Untersuchung als geeignet galt, gestattet, um denen zu helfen, die versuchten sich von der Angewohnheit des Fleischessens zu befreien."

„Warum", fragte Kashyapa, „hast Du dann die zehn Arten nicht untersuchten Fleisches usw. bis hin zu den neun untersuchten Arten verboten?"

„Auch das", sagte der Buddha, „habe ich getan, um meinen Anhängern zu helfen, ihre Angewohnheiten zu überwinden. Kurz gesagt, habe ich all diese Maßnahmen ergriffen, damit der Fleischkonsum ein Ende habe."

„Aber warum", fragte Kashyapa, „hat der Tathagata das Fleisch von Fischen als heilsame Nahrung erlaubt?"

„Sohn meiner Linie!" erwiderte der Buddha, „Niemals habe ich das getan! Ich habe alle möglichen Nahrungsmittel als gesund bezeichnet: Zuckerrohr, Reis, Melasse, Weizen, Gerste, usw.; Milch, Butter, Yoghurt, Öl, usw. Auch habe ich meinen Anhängern gestattet, viele Arten von Kleidung zu tragen. Doch obwohl ich das erlaubt habe, müssen die Kleidungstücke die richtige Farbe haben! Wie könnte ich also gestatten, Fisch zu essen, nur um das Verlangen derer zu befriedigen, die Fisch essen wollen?"

„Wenn Du das Essen von Fisch gestattet hättest", sagte Kashyapa, „dann würde es keinen Sinn ergeben, die fünf Geschmacksarten oder Milch, Yoghurt, Buttermilch, Butter, Ghee, Sesamöl, usw., zu befürworten. Es wäre logisch für Dich, sie zu verbieten, ebenso, wie Du Schmuck, Lederschuhe, und Gold- und Silbergefäße verboten hast."[8]

Buddha antwortete: „Sohn meiner Linie, meine Lehre ist nicht wie die der nackten Asketen. Ich, der Tathagata, habe Regeln für die Disziplin aufgestellt, die auf ganz bestimmte Personen abgestimmt sind. Dementsprechend habe ich, mit einer bestimmten Absicht im Sinn, die Erlaubnis gegeben, Fleisch zu essen, wenn es nach der dreifachen Untersuchung, für den Verzehr als geeignet galt. In anderem Zusammenhang habe ich zehn Arten von Fleisch verboten. Und wiederum, mit jemand anderem im Sinn, habe ich erklärt, dass es falsch sei, jedwedes Fleisch zu konsumieren, sogar von Tieren, die eines natürlichen Todes gestorben sind. Aber ich wünsche, o Kashyapa, dass künftig alle, die mir nahestehen, aufhören, Fleisch zu essen. Denn Tiere mit scharfem Geruchssinn erschrecken vor Fleischessern, egal, ob sie laufen, sitzen, stehen, liegen oder sogar schlafen – so wie sich ein jeder vor dem Geruch eines Löwen erschreckt. Mein Sohn! Menschen, die den Geruch von Knoblauch nicht mögen, wenden sich von demjenigen ab, der ihn gegessen hat. Man muss also die Nachteile eines solchen Nahrungsmittels gar nicht erwähnen. Dasselbe gilt für Fleischesser. Wenn Tiere Fleisch riechen, erschrecken sie sehr; sie haben Angst, getötet zu werden. Alle Tiere, ob auf der Erde, im Wasser oder in der Luft, flüchten, weil sie glauben, dass dieser Mensch ihr Feind ist. Aus diesem Grunde erlaube ich den Bodhisattvas nicht, Fleisch zu essen. Es stimmt, dass sie manchmal vorgeben, es zu essen, was aber nichts anderes als ein Mittel ist, andere Wesen zur Befreiung zu bringen. Obwohl sie wie Fleischesser aussehen, sie sind es nicht. Sohn meiner Linie! Bodhisattvas nehmen nicht einmal reine Nahrung zu sich; wie viel mehr steht es ihnen fern, Fleisch zu essen!

Mein Sohn! Nachdem ich ins Nirvana eingegangen sein werde und nachdem die Aryas (sogar jene mit unbegrenzter Lebensspanne, die sie durch die vier edlen Pfade erlangt haben[9]) jenseits aller Leiden gegangen sind, wird es geschehen, dass der heilige Dharma verfällt. Alles, was von ihm übrigbleibt, wird nichts als ein blasser Schatten sein. Mönche werden nur noch so tun, als hielten sie die Disziplin, und ihre Rezitationen und Lesungen der Sutras werden wahrlich kümmerlich sein. Um ihre physischen Körper zu erhalten werden sie begierig sein auf Essen. Sie werden sich in schwarze und üble Gewänder kleiden. Sie werden überhaupt keine edle Haltung und Gesinnung mehr haben. Sie werden sich um Viehbestand, Rinder und Schafe sorgen. Sie werden Holz und Heu schleppen. Sie werden lange Nägel und Haare haben. Das alles wird so geschehen. Sie mögen zwar die Safranrobe tragen, sich aber nicht von Jägern unterscheiden. Sie mögen sanft erscheinen und mit gesenkten Augen daherkommen, aber sie werden mehr wie Katzen sein, die Mäusen auflauern. Sie werden immer wieder beteuern, sie hätten ihre Emotionen unter Kontrolle und dennoch an Schmerzen und Krankheiten leiden, von Schläfrigkeit und Unreinheit geplagt sein. Heuchler, die sie sind, werden sie äußerlich gewohnten religiösen Formen anhängen, innerlich werden sie Zorn, Eifersucht und Begehren ausgeliefert sein – nicht anders, als jene, die einer trügerischen Religion folgen. Sie werden keine Tugenden haben; ihre Frömmigkeit wird leerer Schein sein. Sie werden falsche Sichtweisen haben und den authentischen Dharma kritisieren. Menschen wie sie, werden die Prinzipien der vom Tathagata niedergelegten Disziplin verunstalten: Die Vinaya-Lehren, die Lehren des Weges und der Frucht der vollkommenen Freiheit. Sie werden meine Unterweisungen, wie Leichtfertigkeit zu vermeiden ist, mit Füssen treten. Selbst die extrem tiefgründigen Lehren werden sie pervertieren und Sutras und Regeln der Disziplin nach ihrem eigenen Gutdünken zusammenstellen. Sie werden sagen und schreiben, dass der Tathagata ihnen erlaubt hätte, Fleisch zu essen, und dass dieses Buddhas Wort sei. Sie werden sich gegenseitig bekämpfen, und jeder wird behaupten, ein Kind des tugendhaften Buddha Shakyamuni zu sein.

„O mein Sohn! Das wird die Zeit sein, wenn Mönche Getreide horten und Fisch essen. Sie werden feine Schalen für ihre Butter haben und Schirme aus kostbarem Stoff, und sie werden Lederschuhe tragen. Die Lehren, die sie Königen, Ministern und gewöhnlichen Laien geben, werden nichts als die Wissenschaft von Prophezeiungen, Wahrsagerei, Astrologie und Körperpflege sein. Sie werden Männer und Frauen als Diener haben und sich mit Gold und Silber, Edelsteinen, Saphiren, Kristallen, Perlen und Korallen schmücken; sie werden Halsketten tragen und eine Vielfalt von Früchten essen. Sie werden Sport treiben und zu ihrer Erbauung malen und bildhauern. Sie werden Literatur lehren; sie werden ihre Felder bestellen und Ernten einbringen. Sie werden Verwünschungen aussprechen, Drogen zubereiten und mit Zauberformeln heilen. Musik, Tanz, Gesang und alle möglichen Handwerke, wie z. B. Korbflechten und die Herstellung von Räucherstäbchen und Blumengirlanden, werden sie unterrichten. Aber Du solltest verstehen, dass nur die, die solche unnützen Aktivitäten aufgeben, mir wirklich nahe sind.

„Herr", sagte Kashyapa, „alle, Mönche, Nonnen und Laien, sind von Wohltätern abhängig. Wenn sie um Almosen bitten und ihnen Essen gegeben wird, das Fleisch enthält, was sollen sie tun? Wie sollen sie es untersuchen?"

„Sie sollen", erwiderte der Buddha, „das Fleisch von der restlichen Nahrung trennen und diese dann waschen und verzehren. Wenn es sein sollte, dass ihre Bettelschale zwar von Fleisch verunreinigt, aber nicht von üblem Geruch und Geschmack verdorben wurde, schadet es nichts, davon zu essen. Wenn ihnen aber jemand grosse Mengen von Fleisch gibt, sollen sie es nicht annehmen. Wenn Fleisch unter ihr Essen gemischt wurde, sollen sie nicht davon essen, denn dann würden sie einen Fehler machen. Wenn ich im Detail das Verbot von Fleisch und alle dazugehörigen Regeln erklären wollte, gäbe es kein Ende! Denn jetzt ist die Zeit gekommen, da ich jenseits des Leidens gehe; daher habe ich es Dir nur teilweise erklärt:"

Der obige Text ist dem Abschnitt des *Mahaparinirvana-Sutras*, der sich *Fragen und Antworten* nennt, entnommen.

Der folgende Abschnitt stammt aus dem *Angulimala-Sutra*:

MANJUSHRI ERKLÄRTE: „Im Hinblick auf die Buddhanatur essen die Buddhas kein Fleisch." Und der Herr fügte hinzu:

„So ist es, Manjushri. Es gibt nicht ein einziges Wesen, das in der Verkettung von Leben im end- und anfangslosen Samsara herumwandert und nicht Deine Mutter oder Schwester gewesen ist. Einer, der als Hund geboren wurde, kann später Dein Vater werden. Jedes einzelne Wesen ist wie ein Schauspieler auf der Bühne des Lebens. Das eigne Fleisch und das der anderen Wesen ist dasselbe Fleisch. Deswegen essen die Erleuchteten es nicht. Mehr noch, Manjushri, der Dharmadhatu ist die gemeinsame Natur aller Wesen, deshalb unterlassen die Buddhas es, Fleisch zu essen."

Manjushri fügte noch hinzu: „Herr, es gibt auch andere, ganz gewöhnliche Wesen, die sich des Fleischverzehrs enthalten."

„Was immer weltliche Menschen tun", antwortete der Herr, „das in Harmonie mit Buddhas Worten ist, sollte wie eine Lehre angesehen werden, die Buddha selbst gegeben hat."

Im *Sutra der genauen Achtsamkeit* wird gesagt:[10]

WENN EIN MÖNCH MIT DER WEISHEIT, die aus dem Anhören der Lehren erwächst, die voll ausgereiften Wirkungen des Handelns versteht, und wenn er über die Welt der *Pretas* oder Hungergeister nachdenkt, wird er die Lebensbedingung solcher Wesen erkennen, die sich von Blut ernähren. Und wenn der Mönch mit Weisheit die Taten überdenkt, die zu einer solchen Wiedergeburt führen, wird er sehen, dass Pretas Wesen sind, die in vorangegangenen Leben zu ihrem Vergnügen oder, um ihren Körper zu stärken, Blut getrunken haben. Auch versanken sie in Grausamkeit, Zorn, Eifersucht und Habsucht. Sie haben ihre Familien betrogen und haben, nach Blut gierend, getötet. Nach ihrem Tod fielen solche Leute in die niederen Bereiche und wurden als blutdürstige Geister wiedergeboren. Durch die Macht ihres Karmas werden sie als Geister an denselben Orten wiedergeboren, die sie in ihrer vorangegangenen Existenz frequentiert hatten. Dort nennen die Bewohner sie Dämonen und machen ihnen Opferungen, sie umschreiten ihre Wohnstätten und opfern Blut. Solche bluttrinkenden Geister, berauscht von menschlichem Blut, fügen der Bevölkerung großen Schaden zu. Sie seien mächtig, wird dann noch gesagt, und könnten Wunder wirken. Was ihre Lebensspanne betrifft, so leben sie so lange als machtvolle Pretas, wie sie ihre üblen Handlungen fortsetzen und sich ihr karmischer Antrieb nicht erschöpft hat. Selbst wenn sie aus diesem Zustand befreit sind, wird ihr Verhalten aufgrund der Wirkung ihres Karmas demselben Muster folgen, und so werden sie immer weiter im Samsara umherwandern. Sollten sie einmal in hundert Leben als ein Mann oder eine Frau wiedergeboren werden, könnte es sein, dass sie weltliche *Dakas* oder *Dakinis* werden.

Wenn ein Mönch mit der Weisheit, die aus dem Anhören der Lehren erwächst, die voll ausgereiften Wirkungen des Handelns versteht und über die Welt der Hungergeister nachdenkt, wird er die Lebensbedingung solcher Wesen erkennen, die sich von Fleisch ernähren. Und wenn der Mönch mit Weisheit über die Handlungen nachdenkt, die eine solche Geburt hervorbringen, wird er sehen, dass diese Pretas Wesen sind, die in ihren vorangegangenen Leben aus Gier mit dem Handel von Fleisch zu tun hatten – dem Fleisch von Kühen, Pferden, Wild, Schweinen oder Schafen – und dass sie unehrlich und betrügerisch handelten und es teuer verkauften. Als sie starben, fielen diese Wesen in die niederen Bereiche und wurden als fleischfressende Pretas wiedergeboren. Sie wurden zu wilden und grimmigen Geistern, die Wegkreuzungen und Marktplätze, Wege, Straßen und Brachland, Dörfer und Tempel heimsuchen. Die Existenz als ein machtvoller Preta mit Wunderkräften ist nicht ausschließlich das Resultat von böser und schrecklicher Negativität; die positive Handlung des Gebens (selbst kleiner Dinge wie Pflanzen und Gemüse) spielt auch eine Rolle und führt dazu, dass sie über Wunderkräfte verfügen. Gewöhnliche Menschen besänftigen solche Geister durch Tieropfer, wie z.B. von Büffeln, Wildtieren, Schlangen, Schafen und anderen Tieren. Und solange diese bösartigen Geister ihr schreckliches Verhalten und ihre eifersüchtige Wut nicht aufgeben, solange wie ihr karmischer Antrieb nicht erschöpft ist, werden sie weiterhin in diesem Zustand geboren werden. Wenn sie später davon befreit sind, werden sie immer noch demselben Verhaltensmuster folgen und unter Bedingungen im Samsara herumwandern, die ihren Handlungen entsprechen. Und wenn sie dann einmal in hundert Leben – dank einiger positiver Taten – das Glück haben, eine menschliche Geburt zu erlangen (so selten, wie eine blinde Schildkröte, die aus dem Ozean auftaucht und ihren Kopf in einem Joch wiederfindet, das auf dem Meer herumtreibt), werden sie Fleischesser werden und Schlächter, die die Kadaver von Tieren aufschneiden und in Schlachthäusern arbeiten.

In demselben Sutra wird auch gesagt:

DIEJENIGEN, DEREN VERHALTEN bösartig ist, werden die Höllen der Großen Glut bevölkern und darin die Früchte ihrer Bösartigkeit schmecken müssen. Dort werden sie hunderttausende von Jahren wegen ihrer willentlich verübten Schadenstaten kochen. So sind ihre eigenen üblen Taten ihre Feinde geworden. Wenn sie endlich freikommen, werden sie flüchten und nach einem Schützer, einer Zuflucht oder Hilfe suchen. Doch in der Ferne werden sie Horden von wütenden Hunden sehen, die mit geöffneten Mäulern voller diamantscharfer Zähne auf sie zurasen und sie mit schrecklichem Geheul umkreisen. Die Höllenbewohner werden versuchen zu entfliehen, doch die Höllenhunde werden sie einholen und restlos verschlingen: Sehnen und Fleisch, Gelenke und Knochen; nichts werden sie übriglassen, nicht einmal ein Fetzchen, so groß wie ein Senfkorn! Körper und Glieder werden restlos aufgefressen sein. Und diese Erfahrung, von Hunden verschlungen zu werden, werden sie wieder und wieder machen. Das alles, so wird gesagt, ist das Ergebnis, wenn man Lebewesen tötet, um ihr Fleisch zu genießen.

Folgendes stammt aus dem Tantra *Der Mitfühlende, der die Tiefen von Samsara aufwühlt*[11]:

WENN MAN FLEISCH ISST, begeht man Taten, die von Hass motiviert sind. Deswegen stellt Fleischessen eine Hauptursache (für solche Vergehen) dar. Taten, denen Dummheit zugrunde liegt, werden begangen, wenn man Blut trinkt, was daher eine ernste Nebenursache darstellt. Auch nur das kleinste Stückchen Fleisch zu essen, ist eine größere Verunreinigung als die des Alkoholgenusses. Es ist ein größeres Übel, einen Tropfen Blut von einem Tier zu trinken, das man selbst getötet hat, als hundert Jahre lang das Fleisch von Tieren zu essen, die andere getötet haben. Der Grund dafür ist das karmische Gesetz von Ursache und Wirkung. Die Wesen der drei Welten beunruhigen sich und erschrecken, wenn sie das sehen, was sie Blut nennen, und wenn sie sehen, dass es getrunken wird, werden sie bewusstlos. Jede Art von karmischer Verdunkelung geht daraus hervor.

Was Alkohol betrifft, sammelt man, wenn man ihn trinkt, aber im Zustand der Trunkenheit nicht negativ handelt, (die Ursache für) eine einzige Geburt unter den Pretas an. Sollte man dabei aber eine üble Tat begehen, wird man in den heißen Höllen wiedergeboren. Wenn man das Fleisch von Tieren isst, die man nicht selber getötet hat, ist das Ergebnis ein einziges (ein *Kalpa* währendes) Leben in der Hölle. Verzehrt man das Fleisch von Tieren, die man selbst getötet hat oder von anderen hat töten lassen, muss man einhunderttausend Kalpas in der Hölle zubringen. Wenn man das Blut eines Tieres zu sich nimmt, das von einem anderen getötet wurde, wird das Ergebnis proportional zu der Ursache sein. Konsumiert man also die Menge an Blut, die einer Bierkanne für zwanzig Leute entspricht, wird man an Orten wiedergeboren werden, an denen man die Namen der Drei Juwelen ein ganzes Kalpa lang nicht einmal hören wird. Und wenn man sein ganzes Leben lang Blut trinkt, wird man während zahlloser Äonen im Samsara herumirren. Das Blut von lebenden Tieren zu trinken, führt zu sieben Inkarnationen im Zustand deines Tieres. Trinkt man nur einmal das Blut von einem Tier, das man selber getötet hat, wird man in einer Hölle geboren, wo man gezwungen wird, geschmolzene Bronze zu trinken. Sollte man das noch warme Fleisch und Blut von selbstgeschlachteten Tieren in einer Menge essen, die dem eignen Körpergewicht entspricht, wird man gleich im nächsten Leben in einer Hölle von geschmolzener, kochender Bronze wiedergeboren und muss dort während eines gesamten Kalpas bleiben. Wenn man rotes, rohes Fleisch isst und rohes Blut trinkt, wird man nach sieben Lebenszeiten in Höllen wiedergeboren, in denen einem geschmolzene Bronze in den Mund gegossen wird. Verzehrt man gekochtes Fleisch und Blut, wird man zehn Leben später in der Hölle von geschmolzener, kochender Bronze wiedergeboren. Deswegen sind Fleisch und Blut Nahrungsmittel, die Ruin über die drei Welten bringen.

Der Verzehr von Fleisch, das durch die Hände von vielen Besitzern gegangen ist und weitergereicht wurde, bringt weniger schwere Schuld mit sich. Wenn man z.B. Fleisch isst, das durch die Hände von hundert Menschen gegangen ist, wird man erst nach hundert Leben eine Geburt in der Hölle zu erleiden haben. Gleichermaßen wird der Verzehr von Fleisch, das durch die Hände von zehn Menschen gegangen ist, nach zehn Leben eine Höllenexistenz hervorbringen, usw.

Gleichermaßen ist es schwerwiegender, das Fleisch eines Tieres zu essen, das getötet wurde, als das eines Tieres, das auf natürliche Weise gestorben ist. Es wiegt hundertmal schwerer, auch nur einmal das Fleisch eines Tieres zu essen, das man selbst getötet hat, als das eines von jemand anderem getötete Tier. Und es ist zehnmal schlimmer, das Fleisch eines Tieres zu essen, das auf eigene Veranlassung geschlachtet wurde, als Fleisch von einem Tier zu essen, das man selbst getötet hat. Man muss verstehen, wie diese Wertskala einzuschätzen ist. Es heißt auch, dass die fünf unreinen Emotionen entstehen, wenn man kontinuierlich Fleisch, Blut und Alkohol zu sich nimmt, da sie die drei Geistesgifte nähren.

Folgendes steht im Tantra *Verkörperung der Weisheit*[12]:

FLEISCH UND BLUT sind sehr negative Nahrungsmittel und strömen einen üblen Geruch aus. Geister, die sich von Gerüchen ernähren, werden dadurch angezogen und werden die Vitalenergie und körperlichen Essenzen der Fleischesser stehlen und sie so ihrer gesunden Ausstrahlung berauben....

Wenn man begierig nach den fünf besonderen Substanzen ist, zu welchen Fleisch und Blut zählen, und sie dabei als wirklich existierende Dinge ansieht, wird man schließlich zu einem Geist, der vom Blutgeruch lebt.

Ebenso heisst es im Tantra *Verkörperung des Gewahrseins*[13]:

Wenn Wesen sich von Fleisch und Blut ernähren,
Von grausiger und faulig riechender Nahrung,
Werden böse Geister, die von Gerüchen leben
Und den Gestank von Blut erschnüffeln
Ihnen die Vitalkraft nehmen
Und ihnen Glanz und Gesundheit rauben.
Warum bloß laben diese Menschen sich daran?

WENN MAN NACH DEN FÜNF besonderen Substanzen giert, Blut zum Beispiel, und sie als wirklich existierend betrachtet, wird man als ein gefährlicher Geist wiedergeboren, der sich vom Blutgeruch ernährt und die schreckenerregende Form einer der sieben Mütter annimmt. Jeder, der in eine solche Abhängigkeit hineintreibt, wird im Land von Lanka in der Form einer schrecklichen, Fleisch verschlingenden Dämonin wiedergeboren.

Aus einem Text, der zum Kriya Tantra gehört, dem *Amoga Pasha*[14]:

ALKOHOL, FLEISCH, KNOBLAUCH, wilder Knoblauch, Lauch – allein oder mit anderem Essen vermischt – sollte ganz besonders gemieden werden.

Ein anderer Text[15], der zu demselben Tantra gehört, sagt:

DIEJENIGEN, WELCHE DIE GELOBTEN REGELN einhalten wollen, dürfen weder Alkohol, Fleisch, Zwiebeln, Lauch noch die Reste der Opfergaben an die Götter zu sich nehmen.

Im Tantra von Akshobya[16] heißt es:

YOGHURT, MILCH, BUTTER, Süßspeisen, süße gebratene Pfannkuchen, Brot und Reis können in Maßen konsumiert werden. Alle übelriechende Nahrung, wie Fleisch, Alkohol, Knoblauch, usw. sollte abgelehnt werden.

Im Wurzel-Tantra von Avalokita, *Das Lotosnetz*[17], heißt es:

ABGESTANDENE OPFERGABEN, Knoblauch, verschmutztes oder weggeworfenes Essen, Fleisch und Essen, das aus der Hand von Schlächtern stammt, sowie Wasser mit Insekten darin – all das ist abzulehnen.

Das *Kompendium des Mahayana*[18] von Acharya Krishnapa sagt:

MAN SOLLTE IMMER von Fleisch, Fisch, Alkohol, Knoblauch und Rettich Abstand nehmen; man sollte auch keine Stoffe färben[19], Sesamsamen pressen, keinen Ackerbau betreiben, usw.

In dem Text, *Kompendium der Sichtweisen*[20], sagt der Lehrer, der als

Jamyang Mi´i Wangpo berühmt ist:

Lehrer und Laien, religiöse Menschen und Asketen, die Fleisch essen und Alkohol trinken, werden nach ihrem Tod zu Pretas ....Eltern sollten ihren Kindern weder Fleisch noch Fisch zu essen und keinen Alkohol zu trinken geben. Kinder sollten zum Beispiel mit Milch und Butter und nicht mit Fleisch ernährt werden.

In seinem Werk *Stufen der Meditation*[21], sagt Kamalashila:

WENN YOGIS MEDITIEREN, sollten sie immer vom Fleisch- und Fischessen Abstand nehmen. Denn diese Nahrungsmittel sind nicht mit ihrer Meditation vereinbar. Sie sollten maßvoll in ihren Essgewohnheiten sein.

Vimalamitra sagt in seinem Werk *Gedankenfreie Meditation*[22]:

YOGIS SOLLTEN ALLEZEIT vermeiden, Fleisch oder Fisch zu essen. Sie sollten maßvoll essen und nur Nahrung zu sich nehmen, die im Einklang mit den Lehren ist.

Auch Gyalse Thogme sagt:

Wenn Wesen, die seit anfangsloser Zeit
Unsere nahen, geliebten Verwandten waren
Eines natürlichen Todes sterben,
Weinen wir. Das zeigt, wie falsch es ist,
Von Tieren zu essen, die für ihr Fleisch geschlachtet wurden.

Ebenso heißt es im Wurzel-Tantra des Kalachakra:

Schlechte Menschen, schwer erziehbar,
Töten arglose Tiere
Als Opfer für die Götter und die Ahnen,
Für Schutz und Profit und zur Erfüllung ihrer Ziele.
Fleisch zu kaufen, der Wunsch, es zu verzehren,
ist wirklich eine üble Tat.

Diese Textstelle zeigt, dass man eine negative Handlung begeht, wenn man Fleisch essen möchte und weiß, dass das, was man kauft von Tieren stammt, die für kommerzielle Zwecke geschlachtet wurden.

Im Kommentar zum *Kalachakra* Tantra[23] heißt es:

MAN SOLLTE KEIN FLEISCH KAUFEN, noch sollte man Tiere den Göttern und Geistern von Ahnen als Opfer darbringen. Denn Buddha hat niemals erlaubt, „gekennzeichnetes Fleisch" zu essen. Und unter „gekennzeichnetem Fleisch" hat er das Fleisch von Tieren verstanden, die geschlachtet und als Nahrung gekauft wurden, sowie Tiere, die für eine Opferung gezeichnet worden waren.

Auf gar keinen Fall sollte man das Fleisch von Menschen essen. Das *Vinaya-Sutra* betont, dass „menschliches Fleisch unter keinen Umständen gegessen werden sollte." Der ausführliche Kommentar zu diesem Text[24] geht sogar noch weiter und führt aus, dass „man einen Verstoß begeht, wenn man für medizinische Zwecke oder aus irgendeinem anderen Grund menschliches Fleisch isst." Wenn man das rote, rohe

Fleisch (eines Tieres) isst, ohne dass es für die Heilung einer Krankheit nötig wäre, begeht man einen Verstoß. Im *Vinaya-Sutra* heißt es, dass „der Verzehr von rohem Fleisch ohne medizinische Notwendigkeit eine Übertretung darstellt" und dem fügt der ausführliche Kommentar noch hinzu, dass, „wenn man als Teil der Vajrayana-Praxis rohes Fleisch isst (ohne, dass es aus medizinischen Gründen notwendig wäre), begeht man einen Verstoß, der mit der „Rest"schuld[25] einhergeht, Streit im Sangha zu provozieren. Außerdem schafft es eine Ursache dafür, als böser Geist wiedergeboren zu werden." Weiter heißt es im *Vinaya-Sutra*: „Man darf weder das Fleisch eines Tigers essen, noch das von Elefanten, Pferden und Schlangen. Man darf das Fleisch von Tieren mit ungeteilten Hufen nicht essen, sowie nicht das von Füchsen, Affen, Spechten, Krähen, Geiern, Wasservögeln, Hunden, Katzen, Bussarden, Eulen und anderen aasfressenden Vögeln, Graugänsen, Fledermäusen, Schneeeidechsen, Menschenaffen und Insekten."

In seinem Kommentar zum *Lankavatara-Sutra* schreibt der Abt Jnanavajra wie folgt:"

DER GESAMTE UMFANG von Buddhas Lehren, angefangen mit dem ersten Drehen des Dharmarades, der Erklärung der Vier Edlen Wahrheiten, bis hin zu und einschließlich der Lehren des Vidyadhara-Pitaka[26], wird abgedeckt durch die Pratimokscha-, Bodhisattva- und Vidyadhara-Gelübde und Regeln. Die Regeln, die den Konsum von Fleisch betreffen, bestehen aus drei aufeinanderfolgenden Stufen auf einem einzigen Weg. Aus diesem Grund ist sogar das Fleisch, das durch die dreifache Reinheit qualifiziert ist und von Shravakas gegessen werden darf, für Praktizierende der höheren Fahrzeuge untersagt. Der Grund dafür ist, zu verhindern, dass die höheren und sehr wichtigen Grundprinzipien nicht verletzt werden. Das Fleisch von Tieren, die durch eine der zehn natürlichen Ursachen zu Tode kamen, wird den Shravakas nicht verwehrt. Aber in den höheren Fahrzeugen ist, um fleischfressende Geister auf den Weg zu bringen und damit Praktizierende, weder direkt noch indirekt, anderen Lebewesen Leid zufügen, jede Art von Fleisch streng verboten, allezeit und unter allen Umständen. Es gibt keine Ausnahmebedingungen, unter denen es gegessen werden dürfte... Man sollte selbst Nahrung von Weisen, die wie Medizin ist, maßvoll essen. Von Fleisch sollte man, im Wissen, dass es schädliche Nahrung ist, immer Abstand nehmen.

Ein anderer Kommentator zum *Lankavatara-Sutra*, der Acharya Jnanashribhadra, sagt wie folgt:

DER ERLEUCHTETE HAT ERKLÄRT, dass das Fleischessen und die Ermunterung anderer, es zu tun, eine negative Tat ist, weil es anderen Wesen Leid zufügt. Buddha hat den Verzehr von jedem Fleisch, das nicht auf die drei Arten rein ist, verboten, aber er hat es als nicht falsch angesehen, Fleisch zu verzehren, das dem entspricht. Fleisch, das auf die drei Arten vollkommen rein ist, ist Fleisch von Tieren, die man nicht selbst getötet, deren Tod man nicht angeordnet und deren Tötung man nicht gesehen hat. Wenn man ohne böse Absichten und Erwartungen jemandem ein solches Fleisch anbietet, so wie man ihm Reis zu essen geben würde, ist es rein und so wohltuend wie Medizin. Aber sogar diese Art von Fleisch ist Bodhisattvas, die Mitgefühl praktizieren, verboten. Ganz besonders ist es den Praktizierenden des Mantrayana verboten. Denn sie sind verpflichtet, Wesen zu respektieren und sie als *Yidam*-Gottheiten zu betrachten. Nur wenn man sich völlig vom Verlangen nach dem Geschmack von Sinnesobjekten gelöst hat, kann Befreiung erlangt werden.

Der Überlieferung gemäß hat der Prinz Fest-im-Glauben gesagt:[27]

HÖRE MIR ZU, o König der fleischfressenden Dämonen. Alle, die Tiere töten und ihr Fleisch essen, werden ein verkürztes Leben haben, und die meisten von ihnen werden in die Hölle kommen. Als Vergeltung werden andere sie erschlagen und verschlingen. Denn die karmische Wirkung ist ähnlich ihrer Ursache, o König der fleischfressenden Dämonen. Viele werden durch den schlechten Umgang, den sie pflegen, ruiniert. Wenn Du Fleisch und Blut von Lebewesen isst, die einst Deine Eltern waren, wirst Du in die Hölle gehen.

Und der berühmte Atisha hat gesagt:

IM INNERN FEGE DIE UNREINHEITEN der fünf Geistesgifte hinweg. Äußerlich fege allen fauligen Schmutz und Dreck hinweg. Und zwischen diesen beiden fege die Unreinheit von Faulheit und Gleichgültigkeit hinweg. Fege schlechtes Essen hinweg: Fleisch, Knoblauch, Zwiebeln und Alkohol. Lass ab von jeglicher Nahrung, die unrein und unangemessen ist. Diejenigen unter Euch, die von Almosen leben und einem bestimmten Zeitplan für ihre Mahlzeiten folgen, sollen die Unreinheit hinwegfegen, zu unpassenden Zeiten zu essen.

Vor langer Zeit trafen der Kadampa Lama Zhangtön Darma Gyaltsen und Changchub Zangpo auf dem Weg nach Dam ein paar Teehändler. Sie baten sie um Almosen. Einer der Händler, ein Khampa, bot ihnen getrocknetes Fleisch, die Flanken und Hinterbeine eines Tieres an. „O Weh!", rief Changchub Zangpo aus, „Das ist der untere Teil der Leiche meiner Mutter. Wie lange wurde mir das aufgehoben! Wie kann ich, ihr Kind, ihr Fleisch essen? Wenn wir, die wir die Roben von Buddhas Schülern tragen, das Fleisch unserer Mütter essen, dann haben wir uns tatsächlich in Schakale verwandelt!" Er begann, das Mantra *Om Kamkani Kamkani*[28] zu rezitieren und setzte sich mit einem brütenden Gesichtsausdruck hin. Der raue Kampa bekam es mit der Angst zu tun, machte hastig eine Niederwerfung und rannte mit seinem Fleisch davon.

Zhangtön lächelte Changchub Zangpo an und sagte: „Du hattest Eltern, die Vertrauen in den Dharma hatten, und schon vor langer Zeit wandtest Du Dich vom Dorfleben ab und nahmst Gelübde von einem guten Lama. Später hast Du eifrig studiert, und Dein Gefühl der Traurigkeit beim Anblick vom Fleisch eines Tieres, das einst eines Deiner Eltern gewesen ist, ist in der Tat ein großes Wunder. Erst jetzt, da ich schon reich an Jahren bin und lange in dieser Welt gelebt habe, darf ich so etwas erleben!"

Als einmal ein anderer Khampa ihn gefragt hatte, welcher Tradition er angehöre, antwortete Zhangtön Lama, dass er ein Kadampa Mönch sei.

„Ich nehme Zuflucht zu den Kadampas!", rief der alte Khampa aus. „Ich hoffe, dass auch in Kham ein großes Kadampa Kloster gegründet wird!"

Im *Sutra, das karmische Ursache und Wirkung beschreibt*, steht geschrieben:[29]

WENN DU FLEISCH ISST und auf Knochen herumkaust, wirst Du Deine Zähne verlieren. Wenn Du Därme isst und das Fleisch von Hunden und Schweinen, wirst Du in einem höllischen Zustand voller Schmutz wiedergeboren werden. Wenn Du Fisch isst, nachdem Du seine Schuppen abgekratzt hast, wirst Du in der Hölle des Schwerterwaldes geboren werden.

Und der kostbare Lehrer Dromtön hat erklärt:

IHR PRAKTIZIERENDEN, die ihr selbstlos euer eignes Fleisch und Blut hergebt, aber trotzdem das Fleisch eurer Eltern esst und ihr Blut trinkt, wie werdet ihr jammern, wenn ihr wieder und wieder verfolgt und gezwungen werdet, ihr Leben mit dem euren zu bezahlen!

In der Vergangenheit lebte einmal ein guter und mitfühlender indischer Meister, der Tibet besuchte. Nachdem er alles genau beobachtet hatte, bemerkte er: „Mir fällt auf, dass alles, was die tibetischen Praktizierenden tun, ausgezeichnet ist. Nichtsdestotrotz essen alle Fleisch; sie enthalten sich dem nicht, und das ist nicht gut."

Der große Lama Jamyang Gyamtso sagte:

ALLE PHÄNOMENE ERSCHEINEN in wechseleitiger Abhängigkeit. Aufgrund der ursächlichen Verbindung, die zwischen den Fleischessern und den Schlächtern der Tiere besteht, stellen die Fleischesser einen Grund und Auslöser für die üble Tat des Tötens dar. Als Folge davon wird das karmische Resultat für das Schlachten einer Kuh zum Beispiel in beiden reifen, dem Schlächter wie dem Fleischesser. Der einzige Unterschied besteht in dem Ausmaß der Wirkung. Das ist eine unausweichliche Tatsache. Der Grund dafür ist nach Meinung der Kadampas, dass diejenigen, die Fleisch essen, eine Tat begehen, die der des Tötens ähnlich ist. Deshalb wird im Hinayana, wie im Mahayana, der Verzehr von Fleisch untersagt, und alle Praktizierenden sollen das Fleischessen aufgeben, so weit es ihnen möglich ist.

In dem Text, *Die kostbare Anhäufung*[30], wird angeführt:

DIE ERLAUBNIS, Fleisch und Fisch zu essen, ist eine Belehrung, die interpretiert werden muss. Denn Buddha hat erklärt, dass viele Menschen niemals den Weg des Dharma betreten hätten, wenn er Fleisch gleich von Anfang an verboten hätte. Es ist also mit Geschick, dass er es schrittweise ausgeschlossen hat. Andererseits, sozusagen als Gegenmittel gegen diejenigen, die behaupten, dass allein das Aufgeben des Fleischessens, ihre große und allem genügende Praxis wäre, erklärte Buddha das Gegenteil, nämlich, dass Fleischessen kein Hindernis auf dem Weg darstelle. Er sagte das, um den Hochmut derer zu dämpfen, die sich für überlegen hielten, weil sie Vegetarier waren. Tatsache ist jedoch, dass der Verzehr von Fleisch im Hinayana wie im Mahayana untersagt ist. Er wird aus dem einfachen Grund verboten, als er eine Tat darstellt, die dem Töten gleichzusetzen ist. Im Besonderen hat Buddha verfügt, dass Bodhisattvas überhaupt kein Fleisch essen sollen.

Vor langer Zeit war der edle Katyayana an Pocken erkrankt, und sein Arzt empfahl ihm, Ziegenfleisch und -blut zu sich zu nehmen und seine Haut damit einzureiben. Aber Katyayana antwortete, er würde lieber sterben, als die Regeln zu verletzen. Er aß das Fleisch nicht und ging jenseits des Leidens.

Als der erhabene Taklung Thangpa im Begriff war zu sterben, forderte man ihn auf, eine Suppe zu essen, die etwas Fett enthielt, da sie seine Krankheit heilen würde. „Während meines gesamten Lebens", erwiderte er, „ist es mir gelungen, die Regeln einzuhalten. Warum sollte ich sie jetzt, da ich im Sterben liege, verletzen?" Er ignorierte den Rat seines Arztes und verschied.

Es gibt zahlreiche solcher Geschichten. Aus vielen Erzählungen erfahren wir, wie Atisha, Drikung Kyobpa und sein engster Schüler, sowie

Taklung Thangpa und andere außergewöhnliche Wesen lieber Honig, Melasse, usw. zu sich nahmen statt Fleisch, und sie lieber Yoghurt und Milch einsetzten anstelle von Alkohol. Und das war Anlass zu großer Freude für Pönlop Lochen[31]. Gotsangpa Natsok Rangdrol sagte, dass er sehr von Atisha, Taklung Thangpa und anderen herausragenden Wesen inspiriert wäre, besonders, da er mit ansehen müsste, wie die Mehrzahl der Mönche seiner Zeit ihre Ganachakra-Opferungen vorbereiteten – sie würden Alkohol aus reinem Verlangen verwenden und ihn auf sehr gewöhnliche Weise zu sich nehmen.

Es gibt eine Geschichte, dass vor sehr langer Zeit, als der Buddha Dipamkara lebte, in der Stadt Drucha, einem hässlichen Mann und seiner schönen Frau, einer Brahmanin, ein Sohn geboren wurde, der rote Augen und scharfe Reißzähne hatte. Schon als Baby riss er Würmer und Fliegen entzwei und verschlang sie. Als er älter wurde, pflegte er wilde Tiere und Fische zu töten, wann immer er konnte, sowie äußerst maßlos Fleisch zu essen und Wein zu trinken. Schließlich fand er seinen Tod: Ein schwarzer, vergifteter Dolch wurde ihm ins Herz gestoßen. Er fiel augenblicklich in einen höllischen Bereich, in dem er entzweigerissen und bei lebendigem Leib von wilden, fleischfressenden Tieren verschlungen wurde, während seine dämonischen Folterer ihm geschmolzenes Metall in den Mund schütteten. Zwischen seinen Schreien rief er aus: „Weil ich in der Vergangenheit das Fleisch von Tieren aß, verschlingen Tiere jetzt mein Fleisch. Weil ich nach Fleisch und Blut gierte, wollen andere mich jetzt verschlingen. Als ich es aß, schien das Fleisch so köstlich, aber jetzt, da die voll ausgereifte Wirkung mich überfällt, ist es so grauenvoll! Das Weintrinken bewirkt, dass die Hüter der Hölle jetzt geschmolzenes Metall in meinen Mund schütten. Da ich ohne Maß getrunken habe, werde ich jetzt ohne Unterlass gefoltert. Alkohol schien damals, als ich ihn trank, so köstlich zu schmecken, aber jetzt, da ich seine voll ausgereifte Wirkung zu spüren bekomme, was für ein Horror ist er!" Später wurde er als ein Preta wiedergeboren und musste noch lange viele Qualen erleiden.

Und dann gab es den König Senge Bangzang, dessen Ernährung ausschließlich aus Fleisch bestand. Im Laufe der Zeit wurde seine Gier danach so stark, dass er sogar das Fleisch eines kleinen Kindes aß. Sein Hofstaat und alle Menschen flohen vor ihm. Er litt dadurch große Qualen, und nach seinem Tod wurde er in den niederen Bereichen wiedergeboren.

Vor langer Zeit, als der Prinz Fest-im-Glauben in das Land der Rakshasas reiste und den Wächter der Dämonen fragte, warum er ihn nicht verschlingen würde, erhielt er folgende Antwort. „Dein Lehrer Shakyamuni", rief der Dämon, „hat uns, den fleischfressenden Dämonen, das *Upavasa* Gelübde[32] gewährt, das wir zu jedem Vollmond einhalten müssen. Er hat uns die vielen üblen Folgen des Fleischessens erklärt und gesagt, das Fleisch, das wir verzehren sei in Wirklichkeit das Fleisch unserer früheren Väter und Mütter. Er empfahl uns, damit aufzuhören. Aber da Fleisch und Blut unsere natürliche Kost ist, können wir nicht immer ohne es auskommen. Deshalb verzichten wir nur am fünfzehnten Tag eines jeden Monats darauf. Wenn an diesem Tag Menschen zu uns kommen, fügen wir ihnen nicht nur keinen Schaden zu, wir helfen ihnen sogar!"

Weiter wird erzählt, dass König Chöme dem König Pawo Rehfleisch vorsetzte und ihn fragte, ob er das essen würde. Letzterer erwiderte, dass er das nicht tun würde, da frisches, rotes Fleisch nicht einmal für fleischfressende Geister angemessen wäre, wie viel weniger dann für Menschen. Schließlich wird folgende Geschichte erzählt: Als einmal zwei Yogis die die Sadhana von Hayagriva und Varahi praktizierten, im Begriff waren, die Zeichen der Meisterschaft zu erlangen, aßen sie ein wenig Schweine- und Pferdefleisch. Das schuf ein Hindernis, welches das Erlangen der Siddhi verhinderte.

In dem Text *Makelloses Licht*[33], dem berühmten Kommentar zum *Kalachakra-Tantra*, heißt es, Buddha hätte vorhergesagt, dass die Yogis des Vajrayana Fleisch essen würden. Fleisch sei aber immer das Resultat von Töten. Wenn die Menschen sie nicht ihres Fleisches wegen schlachteten, würden die Tiere unversehrt bleiben. Ohne Fleischesser gibt es keine Schlächter. Aus diesem Grund haben beide, der Konsument und der Schlächter, Schuld am Akt des Tötens. Außerdem müssen Praktizierende des geheimen Mantrayana täglich das vierte Samaya (der vierzehn Grundsamayas) einhalten.[34] Das war mit Sicherheit Buddhas Anweisung.

Der ehrwürdige Milarepa sagte:

Friedliche Tiere erschlagt und esst ihr;
Ihr bereitet und genießt ein Getränk, das euch betrunken macht
Und legt den Grund für die Hölle des Immer-Wieder-Auflebens.
O, springt nicht offenen Auges in den Abgrund.
Habt Acht, ihr Götter und Menschen, habt Acht!
Ihr könnt den Schmerz von Dornenstichen nicht ertragen,
Und doch tötet ihr und esst das Fleisch fühlender Wesen.
Wie scharf werden die Dornen der Hölle des Wiederauflebens sein,
Wenn die Haut von den brennenden Gliedern gezogen wird!
So nehmt hinweg euer grausig blutrotes Fleisch.
Hier ist es, unverdorben und ganz unberührt.
Nehmt es jetzt und gebraucht es, wie ihr wollt!

In der kurzen Biographie von Phagmo Drupa wird berichtet, ihm hätten die drei Schulungen sehr am Herzen gelegen, und er hätte sich völlig jeglicher üblen Kost wie Fleisch enthalten. Er aß nicht einmal Suppe, die mit Tierfett gewürzt war. Mehr noch, als er vergiftet und dem Tode nahe war, wurde ihm geraten, zu seiner Heilung einen mit Mantras gesegneten Becher Bier zu trinken. Er hat ihn nicht getrunken und so sein Leben riskiert.

Der Lamakönig Yeshe Ö wandte sich einst mit einer Botschaft an das tibetische Volk, das seiner Ansicht nach falsch praktizierte:

Klein ist euer Mitleid, geringer noch als das von Kannibalen!
Groß eure Liebe zum Fleisch, heftiger als die von Falken und Wölfen!
Groß eure Lüsternheit, ihr seid schlimmer als Bullen und Esel!
Ihr schwärmt um euren Trunk emsiger noch als Wespen und
  Mücken!
Euer Gefühl für Schmutz und Reinlichkeit ist geringer als von
  Hunden und Schweinen!

Vor den Gottheiten hinterlässt ihr eure Exkremente,
Urin, Sperma und Blut –
Weh euch, ihr seid bestimmt für die Sümpfe verfaulenden Fleisches!
Ihr setzt euch über die Lehren des Tripitaka hinweg,
Weh euch, ihr werdet in den Höllen Unübertroffener Qualen geboren!
Tiere, die ihr befreien solltet, bringt ihr einfach um,
Weh euch, solche Taten werden als Zustand der Rakshasas
In euch reifen!
Eure Lüsternheit nach den Wonnen der Vereinigung –
Weh euch – wird euch Geburt als Parasiten bringen,
Die den Schoß befallen!

Der allwissende Changkya erklärte einmal:

Vor ihnen, auf einem Teller, um sich daran gütlich zu tun
Sind Knochen aufgehäuft und blutiges Fleisch geschlachteter Tiere.
Sie schwingen die Messer und schlecken sich die
von Fett und Speichel tropfenden Lippen,
Man könnte meinen, sie lägen im Kampf mit einer dämonischen
  Horde –
Diese so tugendhaften Mönche – o, wie jammervoll!

Einmal, nachdem viele Geschichten über das Übel des Fleischessens erzählt worden waren, sagte Drukpa Kunleg:

DER ÜBERLIEFERUNG GEMÄSS hat Buddha gelehrt, wie falsch es ist, Fische, Schweine und Knoblauch zu essen. Dem will ich hinzufügen, dass Buddha im Mahayana allgemein den Verzehr von jeglichem Fleisch verboten hat, weil solcher das Mitgefühl schwächt und weil die Gefahr besteht, dass der Fleischverzehr jenen schadet, die es konsumieren, sogar bis hin zu geistiger Behinderung. Im Besonderen wird jedoch in allen Sutras und Tantras gesagt, dass alle Lebewesen einmal unsere Eltern waren. Das ist etwas, das man fühlen und dessen man sich sicher sein kann – seit anfangsloser Zeit sind sie alle unsere Eltern gewesen. Wenn wir die Knochen all derer aufhäuften, die unsere Väter gewesen sind oder die Milch sammelten, mit der all jene, die unsere Mütter waren, uns erquickten, die dreifache Welt wäre nicht groß genug, um all das aufzunehmen. Und wenn Menschen wirklich darüber nachdenken würden, wer könnte dann noch das Fleisch seiner eignen Eltern und Kinder essen?

Es gibt welche, die meinen, es genüge, dass die Shravakas kein Verlangen nach Fleisch haben und von unreinem Fleisch Abstand nehmen. Sie selber essen Fleisch und reden sich damit heraus, dass sie sich auf Texte berufen, wie: „Wenn die Shravakas kein erlaubtes Fleisch essen (also Fleisch, das auf die dreifache Art rein ist), dann betragen sie sich wie Devadatta". Ihr würdet aber sicherlich nicht behaupten, dass z.B. eine Frau, die von drei sexbesessenen Männern verschmäht wird, ein begehrenswertes Gut sei, oder? So wird man doch auch kein Fleisch essen, das dreimal auf dem Markt ausgehängt (und abgelehnt) wurde?[35] Wenn die Leute sich spitzfindig an den wörtlichen Sinn klammern und den wahren Sinn der Lehre ignorieren, haben sie Unrecht."

Dies sind die Worte von Drukpa Kunleg. Der sah einmal während seiner Reisen wie in bestimmten Klöstern die Mönche auf Fleisch versessen waren und es den Schlächtern gierig abkauften. „Dieses Kloster", rief er verächtlich aus, „ist eine Lagerstatt von Wölfen, und jenes ist es ebenso!" Im *Shiksasamuccaya* wird gesagt, man solle seinen Körper mit heilkräftiger Nahrung erhalten. Dies schließt Fisch oder Fleisch nicht ein, weil dies im *Lankavatara-Sutra* verboten ist. Ausdrücklich erklärte Buddha darin, dass mitfühlende Bodhisattvas sich jeglicher Art von Fleisch enthalten sollen. Im *Shikasamuccaya* heißt es auch: Wenn im Vinaya festgelegt ist, man könne dreifach reines Fleisch essen und solle es nicht ablehnen, dann geschieht das um die Überlegenheitsgefühle derer zunichte zu machen, die meinen, sie hätten die reinste Sichtweise, nur weil sie auf den Verzehr von Fleisch verzichteten. Es ist auch eine geschickte Maßnahme zugunsten derjenigen, die zwar die karmische Voraussetzung dafür haben, aber aufgrund ihres Verlangens nach Fleisch sonst keinen Zugang zu den Lehren hätten. Das wird auch im *Lankavatara-Sutra* bestätigt, in dem es heißt, die Lehren und Regeln wären in stufenweise fortschreitender Weise dargelegt, als unterschiedliche Stufen auf einem einzigen Weg. So ist das Fleischessen, das auf der Pratimoksha-Stufe gestattet wird, im Mahayana untersagt, wo sogar der Verzehr von Fleisch, das von Tieren stammt, die durch eine der zehn natürlichen Ursachen umgekommen sind, gegen die Regeln verstößt."

Was die fortschreitende Formulierung der drei Regeln für das Fleischessen betrifft, die von Buddha schrittweise dargelegt worden sind, sagen die Meister der Vergangenheit, dass im Vinaya zunächst einmal der Verzehr von Menschenfleisch und dem Fleisch von Tieren mit ungeteilten Hufen untersagt wurde.[36] Später wurde Fleisch dann ganz allgemein verboten, mit Ausnahme dessen, was auf die drei Arten rein ist. Diese beiden Vinaya Regeln, gefolgt von der allgemeinen Mahayana Regel, die Bodhisattvas den Verzehr jeglicher Art von Fleisch verbietet – sogar dem Fleisch natürlich gestorbener Tiere – bilden die drei Regeln, die Fleisch betreffen.

Khyentse Rinpoche[37] sagte, er hätte in den Schriften nur immer solche Aussagen gefunden wie: „Ich habe nicht gestattet, ich gestatte nicht, und ich werde das Fleischessen nicht gestatten. Ich habe dem gesamten ordinierten Sangha gesagt, dass es falsch ist, Fleisch zu essen....Von jetzt an sollen die Shravakas kein Fleisch mehr essen." Dagegen sagte er, hätte er keine Stelle gefunden, wo der Buddha sagt: „Kennzeichnet die Köpfe von Yaks und Schafen, die geschlachtet werden sollen." Khyentse Rinpoche erzählte auch, dass die Dorfbewohner in seiner Nachbarschaft aus Gier nach Fleisch große und fette Tiere geschlachtet und den Lamas und Meditierenden dann die Leber und andere Fleischteile als Opfergabe gebracht hätten. „Oh weh, diese Leute!" rief er aus. „Wie großzügig sie sind und was für eine reine Sichtweise von den Lamas sie haben müssen! Wie mutig sie sind, so schlachten zu können! Sie bedenken nicht, dass Töten ein schweres Vergehen ist! Sie glauben, ihr kleines Geschenk würde ihnen viel Gutes bringen und ihre Sünden hinwegwaschen; sie glauben, dass die Lamas Wesen so einfach erretten könnten, als würden sie sie mit eisernen Ketten ziehen. Das ist völlig unmöglich!"

Nagarjuna hat in seinem *Brief an einen Freund*[38] gesagt:

Würde ich eine Lehmpille machen, nur so groß wie eine Beere,
Für jede Mutter, die mich geboren hat,
Die Erde selber würde dafür nicht ausreichen.

Alle Wesen sind unsere Mütter gewesen, aber gewöhnliche Menschen erkennen sie nicht als diese, und deshalb sind sie imstande sie zu töten. Selbstverständlich können wir Dharma-Praktizierenden kein Fleisch essen, und warum nicht? Weil unsere Mütter und Väter, unsere Brüder und Schwestern, unsere Freunde aus vergangenen Zeiten, die so gütig zu uns gewesen sind – hier sind, hier vor uns! Sie sind zu diesen gebeugten und dummen Wesen geworden, die wir Tiere nennen, die nicht wissen, was zu tun und was zu unterlassen ist. Sie mögen Hörner auf dem Kopf haben, sie mögen auf vier Beinen laufen, aber sie sind unsere Eltern und Freunde der Vergangenheit. Die Menschen denken nie darüber nach. Sie sperren die Tiere in Pferche und Koppeln; es ist grauenhaft. Und wenn dann diese Tiere, unsere Eltern, Kinder, Frauen und Freunde der Vergangenheit, in die Hände ihrer Schlächter gefallen sind, diese gemeinen, grausamen Männer, ohne die geringste Spur von Mitgefühl, zittern sie vor Angst, über alle Maßen entsetzt, beim bloßen Anblick ihrer Exekutoren. Ihre Augen füllen sich mit Tränen, und in Panik schnappen sie nach Luft. Sie denken bei sich: ‚Wer wird mir jetzt helfen? Ich kann nirgendwo hinrennen; ich kann nicht wegfliegen; es bleibt mir nur der Tod!' Der Schrecken überwältigt sie, ihr Leiden ist furchtbarer, als stünden sie vor den brennenden Gruben der Hölle. Sie werden rücklings auf den Boden geworfen, ihre Augen treten aus den Höhlen. Und seine Hände zufrieden reibend, schlitzt der Schlachter mit seinem Messer ihre Bäuche auf und schickt sie ohne das geringste Zögern auf den Weg ins nächste Leben. Was daran könnte dem Lama Freude bereiten? Mit absolutem Vertrauen zu Guru Rinpoche[39], und mit Tränen in den Augen flehe ich euch an – ihr alle, die ihr mich liebt, tötet nicht, nicht einmal, um euer eigenes Leben zu retten. Denn Buddha hat im *Sutra der genauen Achtsamkeit* gesagt: ‚Wer auch nur ein einziges Wesen tötet, wird in der kleineren Hölle von der Dauer eines Zwischen-Kalpas kochen.' In den Sutras heißt es, dass es negative Taten seien, Geschenke von Fleisch, Alkohol, Gift, Waffen und dergleichen zu machen, ob nun direkt oder indirekt. Deshalb ist es wahrhaft unpassend, Fleisch zu verschenken. Selbst diejenigen, die keine andere Praxis kennen, sollten wenigstens – so weit es ihnen möglich ist – davon ablassen Fleisch zu essen. Mögen diese Worte der Wahrheit verstanden werden und Anwendung finden!"

Der Vajradhara Reting Trichen sagte:

BODHISATTVAS, die es nach Fleischgenuss verlangt, schwächen ihr Mitgefühl. Sie sollten davon ablassen.

In Khedrup Je´s Kommentar zu dem Text *Die Drei Gelübde* heißt es, dass im allgemeinen nur den Bodhisattvas untersagt ist, Fleisch zu essen. Deshalb müssten alle, die das Bodhichitta Gelübde genommen haben, seien es Mönche, Nonnen oder Laien, aufhören, Fleisch zu essen. Denn wenn Bodhisattvas, die verehrungswürdig geworden sind, Fleisch essen, wird sich in ihnen ein starkes Verlangen nach dessen Geschmack entwickeln, und als Ergebnis davon wird ihr Mitgefühl nachlassen. Deshalb sollten voll Ordinierte, Shramaneras, Könige, Minister, Anführer und den Mahayana praktizierende Laien sich vom Fleischessen abkehren.

Khedrup Je hat vorausgesagt, dass sogar Menschen, die das Bodhisattva-Gelübde genommen haben, sogar die, die das Bodhichitta Gebet hunderte Male rezitiert haben, nicht einmal das bewusste Töten tausender von Tieren oder dass man andere dazu bewegt, es zu tun, als unrecht empfinden werden; von ihrer Abstinenz vom Fleischessen ganz zu schweigen. Wie recht er hatte! Wir können heute sehen, dass sich seine Prophezeiung bewahrheitet hat.

Wir müssen das Fleischessen als Widerspruch zu den Lehren ansehen. Wir müssen uns mit der Vorstellung anfreunden, dass es falsch ist, Verlangen nach Fleisch zu haben, und wir müssen es ablehnen! Wenn wir uns sagen, „Wie gut Fleisch für uns ist; wie rein und gesund es ist; wie gut es schmeckt!", werden wir – sobald uns ein Fleischgericht oder Blut vorgesetzt wird, als wäre es im Prinzip nichts anderes als Reis, Tsampa, Milch oder Butter – ein intensives Verlangen danach verspüren und nicht widerstehen können. Aus diesem Grund sagte Khedrup Je, sollten wir in dem Moment, da wir es in den Mund nehmen, darüber nachdenken, dass Fleisch etwas Unreines ist, dass es aus Blut und Sperma entstanden ist. Darüber hinaus sollten wir uns erinnern, dass das Fleisch von Wesen stammt, die seit anfangsloser Zeit unsere eigenen Eltern und Kinder gewesen sind. Und wir sollten daraus schließen, dass es ganz und gar falsch ist, nach ihrem Fleisch zu verlangen, so wie es einfach grauenhaft wäre, ein Verlangen zu haben, das Fleisch unserer eigenen Kinder zu essen.

Wir sollten die Gefahren erwägen, die mit dem Begehren nach Fleisch einhergehen und im Einklang mit den Lehren überlegen, dass wir, wenn wir jagen oder fischen gehen, zu Schlächtern und Mördern werden. Wenn wir Fleisch kaufen, veranlassen wir andere, Tiere ihres Fleisches wegen zu töten. Wenn wir Fleisch von geschlachteten Tieren verkaufen, um Profit zu machen, wenn wir Verlangen nach Fleisch haben, sind wir wie Senge Bangzang und Prinz Kangtra, die Menschen töteten und ihr Fleisch verschlangen. Wenn Tiere unseren abstoßenden Geruch wahrnehmen, fliehen sie uns. Es wird gesagt, dass die Realisierung des Vidya-Mantra und die Entwicklung von großer Liebe und tiefem Mitgefühl verhindert wird.

Deshalb sollten wir in unserem Gelüst nach Fleisch niemals behaupten, das Vinaya würde das Fleischessen verfechten. Wir sollten niemals, nicht einmal in unseren Träumen sagen, der Verzehr von Fleisch sei ohne Schuld und Fehler. Die Erfahrung zeigt, dass wenn Menschen, die nach Erleuchtung streben und Bodhichitta kultivieren, Fleisch essen, ihr Mitgefühl sich abschwächt und damit auch ihre Entschlossenheit. Wenn auf der anderen Seite, so wird gelehrt, Menschen sich kontrollieren können, ihrem Gelüst nach Fleischgeschmack nicht mehr nachzugeben und aufhören, Fleisch jeder Art zu essen, sei es dreifach rein oder unrein, sei es Fleisch von geschlachteten oder von natürlich verstorbenen Tieren, dann ist dies wahrlich ein großes Wunder!

Sogar Nicht-Buddhisten unterlassen es, Fleisch zu essen. Der Weise Suge sagte:

Von all den Tieren, die du schon erschlagen hast,
Ist ein Sumpf von Blut vor deinen Füssen.

Wenn es das ist, was dich zu höheren Ebenen führt,
Was ist es dann, das dich in Höllen sinken lässt?

Und Netso hat gesagt:

Das Blut der geschlachteten Schafe, der Zeugen deines Mordens,
Es liegt wie ein Sumpf zu deinen Füßen.
Wenn du so in höhere Bereiche gehst,
Was lässt dich dann in Höllen sinken?

Der Weise Jawa hat gesagt:

Der, der isst, und der, dessen Fleisch gegessen wird –
Schau auf den Unterschied, der beide trennt!
Der eine hat für kurze Zeit einen vollen Bauch;
Der andre hat sein Leben zur Gänze verloren!
Wer um die Angst und den Schmerz von denen weiß,
Die ihr letzte Stunde kommen sehen,
Wird das Leben and'rer Wesen lieber schützen.

Andere gelehrte und mitfühlende nicht-buddhistische Weise sind übereinstimmend der Meinung, dass es in jeder Hinsicht herausragend sei, auch nur einem einzigen Wesen Schutz vor Angst zu gewähren. Sogar die Spende Tausender Berge von Gold und Juwelen an Tausende von Brahmanen, zusammen mit Geschenken von Kühen und Geld, könne dem nicht gleichkommen. Das ist die Meinung von einigen gelehrten und mitfühlenden nicht-buddhistischen Heiligen.

Wir begehen keinen Fehler, wenn wir alles, was in Harmonie mit Buddhas Botschaft ist, als Buddhas Lehre betrachten, egal ob es von gewöhnlichen Menschen oder aus nicht-buddhistischen Quellen stammt. Im *Kalachakra-Tantra* heißt es, auch nicht-buddhistische Lehren sollten respektiert werden, wenn sie wirklich herausragend sind. Und im *Angulimala-Sutra* wird gesagt, man müsse verstehen, dass alles, was in Harmonie mit Buddhas Lehre ist, die Lehre Buddhas *ist*. Das hat Khedrup Je gelehrt.

Wie wir sehen, wird der Fleischverzehr von Buddhisten und Nicht-Buddhisten gleichermaßen als falsch angesehen. Dem könnte man die Frage entgegensetzen, warum Gunaprabha im *Vinaya-Sutra* sagt, und warum es auch in dem großen Kommentar dazu wiederholt wird, dass die Shravakas sich wie Devadatta verhalten, wenn sie Fleisch, das auf die dreifache Art rein ist, ablehnten. Als Antwort darauf betonen wir, dass Devadatta ständig eifersüchtig auf den Buddha war. Auf vielerlei Art versuchte er, ihn zu verletzen, indem er z.B. einen Felsbrocken auf ihn warf oder einen wilden Elefanten auf ihn hetzte. Zusätzlich dazu verursachte er eine Spaltung im Sangha, indem er zu seinen Anhängern sagte: „Schaut an! Der ach-so-tugendhafte Buddha isst Fleisch. Wir aber werden das nicht tun, da wir keine Tiere verletzen wollen." Auf diese Weise stellte er eine Regel auf, die mitfühlender als die von Buddha zu sein schien. Wenn wir also, die wir Buddhas Schüler sind, aufhören Fleisch zu essen, nur weil wir geehrt werden wollen oder weil wir neidisch auf andere sind und besser als sie erscheinen wollen, verhalten wir uns tatsächlich genauso wie Devadatta. Es ist aber völlig falsch, mit Devadatta Menschen zu vergleichen, die aus echtem Mitgefühl kein Fleisch und dergleichen essen und Tieren weder direkt noch indirekt Schaden zufügen wollen. Solche Menschen sind wie Buddha selbst oder wie Bodhisattvas oder wie Praktizierende gleich den Kadampas früherer Zeiten und wie mitfühlende nicht-buddhistische Weise, ganz gleich ob selbst Praktizierende oder gewöhnliche Menschen. Wenn man einem solchen Irrtum verfällt, meint man, dass Menschen, die Fleisch essen, sich wie der Buddha verhalten würden. Und es wäre dann auch logisch, den Text des *Vinaya-Sutra* dahingehend zu ändern, dass die Shravakas, wenn sie erlaubtes Fleisch essen, weil es dreifach rein ist, sich wie der Buddha verhalten würden. Viele Leute werden zweifellos solche Texte und Auslegungen zusammenstellen und zwar aus dem einfachen Grund, weil sie Fleisch essen wollen.

Fleisch zu essen wird als Entwürdigung des Dharma empfunden – und so vom *Lankavatara-Sutra* untersagt, weil in gewissen Regionen und zu bestimmten Zeiten sogar Nicht-Buddhisten wie die Jains auf Fleisch verzichteten und man sie deshalb als über den buddhistischen Mönchen stehend hätte ansehen können, was zu einem Verlust an Vertrauen in den Dharma geführt haben würde. Das ist also einer der Gründe, warum Buddha uns aufforderte, kein Fleisch zu essen. Da sich seine Lehre auf Mitgefühl gründet, hätte er den Fleischverzehr aus Sorge um die Wesen jedoch so oder so untersagt – selbst wenn es in gewissen Ausnahmefällen kein Fehler ist, Fleisch zu essen.

Sicherlich würden die Texte, die sich damit befassen, wie falsch es ist, Fleisch zu essen, ob in den Sutras, Tantras, Kommentaren oder in den Biographien von Lehrern und in ihren Liedern der Verwirklichung – zusammenfasst ein dickes Buch ergeben.

Fleisch ist ein Quell von Hindernissen auf dem Weg. Es ist der Same für die niederen Bereiche, ein Dieb des Lebens. Der Verzehr von Fleisch bedeutet mit Sicherheit die Verletzung anderer; kein anderes Lebensmittel verursacht soviel Schaden und Schmerz. Deshalb sollten von nun an alle – Lehrer, Schüler, Laien – und alle mitfühlenden und intelligenten Praktizierenden, gewöhnliche Menschen, ob in Klöstern oder nicht, ob stark oder schwach, aufhören Fleisch zu essen. Wir sollten es als unrein und als das Fleisch unserer Eltern und Kinder betrachten. Wir sollten es als Gift ansehen.

Lasst uns zu Buddha, unserem Lehrer, beten, ihn über unserem Scheitel visualisieren und ihn bitten, uns zu segnen, damit wir die Kraft haben, dieser Anweisung zu folgen. Und lasst uns dann einen Strom von Nektar visualisieren, der herabströmt und uns reinigt.

Abschliessende Verse

Buddha des Mitgefühls, unser aller Zuflucht,
Du erkennst mit tiefer und klarer Weisheit
Die dreifache Zeit – Vergangenes, Gegenwärtiges und Kommendes -
Und schaust mit liebender Güte auf alles, was lebt,
Wie auf Deine liebsten Kinder,
Verweile stets über meinem Scheitel und segne mich.

Die üble Kost von Fleisch und Blut der Lebewesen,
Die einst unsere Eltern waren,
Verstärkt Begehren, das Samsaras Wurzel ist;
Mitgefühl, die Wurzel des Dharma, schneidet sie ab.
Daher will ich alle Fehler, die aus ihrem Verzehr entstehen
Hier noch einmal in Versen und melodischen Gesängen wiederholen.

Ihr alle, die ihr diese todbringende, unheilvolle Nahrung esst,
Das Fleisch und Blut derer, die einst eure Eltern waren,
In der Hölle lauten Wehgeschreis und anderen heißen Höllen
Werdet ihr geboren werden, um dort zu braten und zu kochen.

Esst ihr das Fleisch von Tieren, die andere getötet haben,
Bleibt ihr in solcher Hölle ein ganzes Kalpa lang.
Doch esst ihr das Fleisch von Tieren,
Die ihr selbst getötet oder anderen befohlen habt zu töten,
Während hunderttausend Kalpas werdet ihr in Höllen bleiben.

Wenn ihr das Blut von Tieren trinkt, die andere geschlachtet haben,
Werden während der Länge eines ganzen Kalpas
    nicht einmal die Namen der Drei Juwelen an eure Ohren dringen.
Doch trinkt ihr das Blut von Tieren, die ihr selbst getötet habt,
Werdet ihr in Höllen von kochend- flüssigem Metall geboren.
Wenn ihr das gekochte Blut von einem Yak esst,
Findet ihr euch sieben Leben lang im Körper eines niedrigen Tiers.

Und wenn ihr euer eigenes Gewicht an Fleisch und Blut esst,
Bringt euch das ein Kalpa lang ein Leben in der Hölle kochenden
    Metalls ein.
Und nach sieben Leben wird dasselbe Schicksal dann auf jene warten,
Die sich an rohem, rotem Fleisch und Blut erlaben –
Und nach zehn auf die, die es gekocht verzehren.

Der Verzehr von Fleisch wilder Tiere, die ihr getötet habt,
Führt nach unten in die Hölle;
Und wenn ihr, diesen wilden Tieren gleich,
Ein Wesen esst, wenn es noch lebt,
Gießt Yama dann, der Herr des Todes, in euren Mund einen Strom
    von kochendem, geschmolzenen Metall.
Wie werdet ihr dann schreien, von inneren Feuern verzehrt!

Esst ihr das Fleisch von Fischen, die ihr gefangen habt,
Führt das zur Geburt in Höllen, die ein Wald von Schwertern sind.
Und esst ihr Fleisch und Innereien von Hunden oder Schweinen,
Werdet ihr in Höllen fauliger Sümpfe geboren.
Alle, die sich mit großer Gier an Fleisch und Blut erlaben,
Werden wiedergeboren als Geister, die Fleisch und Blut verzehren.

Wenn ihr Ziegen, Schafe oder Yaks geschlachtet habt
Und dann ihr Fleisch verkauft,
Werdet ihr als böse, todbringende Geister geboren.
Ein Tier zu töten, um zu schlemmen,
Führt zu Geburt in Höllen Heißer Glut.
Wenn ihr Fleisch und Blut verzehrt, werdet ihr
Zu Tigern, Löwen, Wölfen, Füchsen oder Katzen,
Die alle schreckliche Karnivoren sind.
Und wenn ihr euch an Fleisch von Menschen labt,
Dann werdet ihr ein männlicher oder weiblicher Dämon
Oder eine böse, Fleisch verschlingende Dakini.
Geburten auch als ein Ausgestoßene erwarten euch:

Als gemeine Schlächter, Jäger oder böse Geister.
Wer Fleisch und Blut ohne jegliches Gefühl von Scham und Reue aß,
Wird in Zukunft zu einem Wahnsinnigen werden,
Der keinen Einhalt kennt.
Fleisch und Knochen zu zerkauen führt in zukünftigen Leben
Zum Verlust von Zähnen, noch in jungen Jahren.

Es heißt in allen Tantras des Mitfühlenden Avalokita,
Dass Fleisch und Blut die Nahrung ist, welche die drei Welten
    verheeren wird.
Wie wirst du dich fühlen, mit zerschmettertem Mund,
Abgeschlagenem Kopf und herausgerissenem Herzen,
Wenn andere dein Fleisch essen und dein Blut trinken?
Benutze deinen Körper also, den du jetzt hast, gut zum Überlegen.
Iss kein Fleisch, es ist für andere wie für dich nur eine Quelle
    schweren Leids.

Um die Welt mit Fleisch zu versorgen,
Werden täglich unzählige Tiere geschlachtet.
Es gibt keinen Zweifel, dass das Essen von Fleisch
    anderer Wesen Leben zerstört.
Keine andere Nahrung verursacht soviel Sterben.
Viel schlimmer noch als Alkohol ist deshalb Fleisch,
Das in solchem Maße das Leben anderer Wesen zerstört.
Solch grausige Kost muss daher von jedem gemieden werden,
    der mitfühlend ist.
Der Hauptgrund für eine Höllengeburt ist das Töten,
Für das der gebräuchlichste Vorwand die Beschaffung tierischer
    Fleischnahrung ist.

Es ist ihres Fleisches wegen,
Dass Menschen Ziegen, Schafe und Yaks schlachten.
Manche ersticken sie, indem sie ihnen die Mäuler zubinden –
    wie grauenhaft!

Manche fangen sie lebend, schneiden sie mit scharfen Messern auf,
Und fahren dann mit ihren Händen in ihre Eingeweide, um sie zu
    töten – wie grauenhaft!
Manchen stechen sie mit Spießen und Messern in die Flanken
Und erdolchen sie am Herzen – wie grauenhaft!
Manchen pflanzen sie ein Messer in ihren Nacken
Und schneiden ihnen dann den Kopf ab – wie grauenhaft!
Wie viele verschiedene Möglichkeiten sie haben,
Um ihre Opfer abzuschlachten –
Um Geschöpfe umzubringen, die einst ihre Eltern waren –
    o, wie grauenhaft!

In all euren zukünftigen Leben verzehrt niemals wieder
    Fleisch und Blut von Wesen, die einst eure Eltern waren.
Durch den Segen von Buddha, dem großen Mitfühlenden,
Mögt ihr niemals wieder Verlangen nach dem Geschmack von
    Fleisch verspüren!

Nektar der Unsterblichkeit

Voller Hingabe verbeuge ich mich und nehme Zuflucht zu meinen verehrten Lehrern und Meistern, den Schatzkammern großer Liebe, die bedingungslos ist und über alle relative Fixierung hinausgeht. Ich bitte sie inständig, mich und alle anderen Lebewesen mit ihrem großen Mitgefühl zu segnen, auf dass sich liebende Güte, Mitgefühl und Bodhichitta in unserem Geist entwickeln möge.

Unter all den verschiedenen Lebensformen, die wir im unendlichen Kreislauf von Samsara angenommen haben, ist nicht ein Wesen, das nicht irgendwann einmal unsere Mutter gewesen ist. Und als diese Wesen uns genährt haben, waren sie genau so gütig zu uns, wie es unsere eignen Mütter in diesem Leben gewesen sind. Das ist etwas, das der Buddha, unser Lehrer, nicht nur einmal, sondern immer und immer wieder gesagt hat. Und wer könnte seine Worte bezweifeln?

Deswegen müssen wir die Praxis der Sieben-Punkte-Unterweisung in ihrer kausalen Reihenfolge anwenden, um unseren Geist in Bodhichitta[1] zu üben. Zuerst müssen wir anerkennen, dass alle Wesen einmal unsere Mütter gewesen sind. Zweitens müssen wir uns die Güte vergegenwärtigen, die sie uns gezeigt haben und drittens, uns vornehmen, diese zurückzuzahlen. Viertens, wir müssen zärtliche Liebe für sie empfinden und fünftens großes Mitgefühl. Sechstens müssen wir dann den außergewöhnlichen Gedanken universeller Verantwortlichkeit[2] kultivieren und siebtens zum unübertrefflichen Resultat, zur Geisteshaltung von Bodhichitta gelangen. Gleichermaßen müssen wir uns immer wieder in der Praxis der Gleichheit der Wesen und im Austausch von uns selbst mit anderen üben.[3] Dann müssen wir, mit unserem Lehrer und den Drei Juwelen als Zeugen, die Bodhichitta-

Gelübde sowohl des Anstrebens wie der Anwendung nehmen und sie einhalten.

Wenn wir ein Bewusstsein für die Tatsache entwickelt haben, dass alle Wesen unsere Mütter waren, und wenn dieses Bewusstsein stabil geworden ist, wird uns, wenn wir Fleisch sehen, bewusst sein, dass es das Fleisch unserer eignen Mütter ist. Und weit davon entfernt, es in den Mund zu nehmen und zu essen, werden wir nicht einmal in der Lage sein, es anzufassen oder seinen Geruch zu ertragen. Das ist die Botschaft vieler heiliger Lehrer der Vergangenheit, die wahre Personifikationen des Mitgefühls waren. Weshalb lehren sie dies? Ziegen, Schafe und die anderen Tiere waren alle einmal unsere gütigen Mütter. Sie zu schlachten, indem wir ihnen die Mäuler zubinden und unsere Hände in ihre Körper stoßen, um ihre Hauptarterie zu durchtrennen, nur um ihr frisches, rotes Fleisch zu essen – das alles ist nichts anderes als das monströse Verhalten dämonischer Ungeheuer – eine Tat, die Buddha immer wieder angeprangert hat:

Und so verurteile ich das Fleischessen in allen meinen Lehren:
Im Parinirvana *und* Angulimala,
Lankavatara, Hastikakshya *und* Mahamegha *Sutra.*

Ich will hier nicht eine detaillierte Darstellung all des Unrechts geben, das mit dem Fleischessen verbunden ist, da dies schon ausführlich in den Sutras, Tantras und Shastras geschehen ist. Stattdessen begnüge ich mich mit einer kurzen und allgemeinen Erklärung der wichtigsten Punkte.

Es wird gesagt, dass wir, wenn wir üble Nahrung zu uns nehmen, also Fleisch und Blut von fühlenden Wesen, die einst unsere Mütter oder Väter gewesen sind, in einem zukünftigen Leben Geburt in der Hölle des Wehgeschreis annehmen werden, die unter den achtzehn Höllen eine der heißen Höllen ist. In dem Ausmaß, in dem wir einst das Fleisch anderer Wesen konsumiert haben, werden uns jetzt rotglühende Eisenstäbe in den Mund gestoßen, die unsere lebenswichtigen Organe verbrennen und aus dem unteren Teil unseres Körpers wieder herauskommen. Wir werden endlose Qualen erleiden. Und selbst wenn wir wieder in dieser Welt geboren werden sollten, werden wir während fünfhundert Leben als grauenvolle, fleischfressende Wesen geboren.[4] Wir werden zu Dämonen, menschenfressenden Ungeheuern und Scharfrichtern. Es wird auch gesagt, dass wir unzählige Male unter Geächteten geboren werden, als Schlächter, Fischer und Färber oder als fleischfressende Tiere, die es nach Blut dürstet: Als Löwen, Tiger, Leoparden, Bären, Giftschlangen, Wölfe, Füchse, Katzen, Adler und Habichte. Daraus wird klar, warum das Fleischessen für das Erlangen einer höheren Geburt in göttlicher oder menschlicher Form, die uns auf dem Weg zur Freiheit weiterbringt, ein wesentliches Hindernis darstellt.

Es wurde uns insbesondere gelehrt, dass die ursprüngliche Weisheit der Allwissenheit* aus Bodhichitta entspringt. Bodhichitta wiederum erwächst aus den Wurzeln des Mitgefühls und ist die Vollendung der geschickten Mittel der sechs Paramitas. Das wird im Tantra *Die vollkommene Erleuchtung des Buddha Vairochana*[5] dargelegt: „Die uranfängliche Weisheit der Allwissenheit entspringt aus Bodhichitta, welches wiederum aus den Wurzeln des Mitgefühls erwächst und die Erfüllung des gesamten Umfanges der geschickten Mittel ist." Deshalb heißt es, dass eines der größten Hindernisse für das Entstehen von Bodhichitta in unserem Geist das Verlangen nach Fleisch ist. Denn wenn großes Mitgefühl in unserem Geist noch nicht entstanden ist, hat Bodhichitta keine feste Grundlage. Und wenn Bodhichitta keine feste Grundlage hat, können wir hundertmal behaupten, wir gehörten zum Mahayana, doch in Wirklichkeit ist das nicht zutreffend; wir sind keine Bodhisattvas des großen Fahrzeuges. Daher sollte man verstehen, dass die Unfähigkeit, das Verlangen nach Fleisch aufzugeben, ein Hindernis auf dem Weg zum Erlangen der Allwissenheit* ist. Aus diesem Grund sollten alle Praktizierenden des Dharma – im Grunde genommen ein jeder – nach bestem Vermögen danach trachten, von dieser üblen Nahrung, dem Fleisch unserer Eltern, abzulassen.

---

* Der Dharmakaya ist der allwissende Geist eines Buddha, der alles umfasst.

Manche Leute werden dem entgegenhalten, es werde in den Lehren gesagt, karmische Resultate würden nur von Taten herrühren, die man selbst begangen hat; aus nichtbegangenen Taten könne kein Resultat entstehen. Dem karmischen Gesetz nach hätte man demnach kein Unrecht begangen, wenn man das Fleisch von Tieren isst und nicht gesehen hat, nicht davon gehört hat und auch keinen Verdacht hegt, dass sie für einen selbst geschlachtet wurden. „Das ist doch in Ordnung", werden sie sagen. „Wir hatten beim Töten dieses Schafes (oder welchen Tieres auch immer) unsere Hand nicht im Spiele. Wir können deshalb sicher sein, dass das Karma des Tötens nicht in uns reifen wird, sondern in den Schlächtern."

Dieses Argument muss genauer untersucht werden. Denken wir an eine kleine Ansiedlung in der Nähe eines großen Klosters, dessen Mönche Fleisch essen. Die Bewohner eines Gehöfts rechnen sich aus, dass es gewinnbringend für sie ist, ein Schaf zu schlachten, dann im Frühling sein Fleisch an das Kloster zu verkaufen und für sich nur die Innereien und Abfälle, den Kopf, die Beine und das Fell zu behalten. Die Mönche, die ganz genau wissen, dass das Schaf geschlachtet und sein Fleisch für sie aufgehoben wurde, werden kommen und es kaufen. Im nächsten Jahr werden die Bauern mehr Schafe schlachten und an das Kloster verkaufen. Und wenn sie gut davon leben können, werden im darauffolgenden Jahr hundert mal mehr Schafe geschlachtet, und die Bauern werden reich. So sind sie dadurch, dass sie sich durch das Töten ihrer Schafe bereichern wollten, zu Schlächtern geworden. Sie werden dieses Handwerk an ihre Kinder und Kindeskinder und an alle, die ihnen nahestehen, weitergeben. Selbst wenn sie es anderen nicht direkt beibringen, werden die Nachbarn ihre abscheuliche Arbeit sehen. Sie werden dann ebenfalls zu Schlächtern, werden grauenhafte Taten verüben und einen gewaltigen Strom von Negativität in Bewegung setzen, der bis an Samsaras Ende fortdauern wird. All das ist aus einem einzigen Grund entstanden: Die Mönche essen Fleisch. Wer also verhält sich nachhaltig übler als sie?

Wo niemand Fleisch isst, gibt es niemanden, der Tiere tötet – ebenso wie es in Nepal und Indien keine Teehändler gibt, weil dort niemand Tee trinkt.[6] Der Fleischesser hat Anteil an der negativen Tat des Schlächters. Und da die Handlung des Fleischessers negativ ist, irrt man sich sehr, wenn man denkt, ihre voll ausgereifte Wirkung würde nicht negativ ausfallen. Buddha hat jede Tat als negativ definiert, die auf direkte oder indirekte Weise anderen Wesen Schaden zufügt. Und da er die Wahrheit sagt, ist wohl klar, dass durch den Verzehr von Fleisch anderen Wesen mehr Schmerz zugefügt wird als durch jegliche andere Nahrung. Aus diesem Grund wird im Kalachakra-Tantra und in seinem Kommentar erklärt, dass von beiden, dem Fleischesser und dem Schlächter, ersterer die größere Sünde begeht. Und so sind diejenigen, die immer noch meinen, das Vergehen der Fleischesser sei nicht so ernst zu nehmen oder sie würden nicht so viel Schuld auf sich laden wie die Schlächter oder sie seien sogar vollkommen unschuldig, vorschnell und gedankenlos. Ob das nun richtig ist oder nicht, warum müssen sie derartige Essgewohnheiten haben? Wären sie nicht weit besser daran, wenn sie sich von ihren Abhängigkeiten befreien könnten?

Stellen wir uns nunmehr den Fall eines kleinen Klosters vor, in dem die Mönche arm und ohne Geld oder aber sparsam und geizig sind oder der alten Kadampa-Tradition angehören und sich mit den drei weißen Nahrungsmitteln begnügen. Den Laien, die in der Umgebung wohnen, würde es niemals auch nur in den Sinn kommen, Tiere zu schlachten, um die Mönche mit Fleisch zu versorgen. Da das Kennzeichen einer tugendhaften Handlung darin besteht, auf direkte und indirekte Weise einem selbst und anderen Nutzen zu bringen, glaube ich, dass es nichts besseres gibt, als das Fleischessen aufzugeben, wenn man eine beständige Haltung liebender Güte entwickeln will. Die wenigen Mönche, die tatsächlich Mitgefühl besitzen, sollten das in ihrem Herzen bewahren.

Wenn ein Lama, der Fleisch isst, auf seine sommer- oder herbstliche Almosen-Rundreise geht, denken seine gläubigen Gönner, wie glücklich sie sich schätzen können, dass er zu ihnen nach Hause kommt. „Das ist nicht irgendein alter Lama", sagen sie, „er ist ein inkarnierter *Tulku*! Wir müssen ihm ein Festmahl bereiten." Da sie seine Essgewohnheiten kennen, schlachten sie ein Schaf und bieten ihm die besten Stücke davon an. Die Gönner ihrerseits begnügen sich mit den Innereien und denken sich, das Schaf habe ein gutes Ende genommen. Was für ein Glück, für das Mahl eines Lamas geschlachtet zu werden! Und sie sagen zueinander, wie richtig es war, das Schaf zu töten und meinen, es hätte wirklich besonderes Glück gehabt. In ihrem nächsten Leben aber werden die Schlächter herausfinden, was für ein Glück für sie bereitsteht!

Isst der Lama hingegen kein Fleisch, werden seine Gönner nicht nur keine Tiere schlachten, sondern sogar alles Fleisch, das sie besitzen, verbergen und den ganzen Tag lang ohne es auskommen. Stattdessen essen sie etwas anderes, Süßkartoffeln, Yoghurt, usw., so dass beide, der Lama und der Gönner rein und unbefleckt von negativen Taten bleiben – während das Schaf seinerseits lebendig und wohlauf bleibt! Lasst uns beten, dass alle Lamas sich so verhalten! Denn wenn sie sich negativ verhalten, werden ihre Schüler – Lamas und Tulkus – es ihnen gleichtun. Das Ergebnis davon wird sein, dass im Sommer und Herbst die Lamas und ihre Gönner mit vereinten Kräften die Samen übler Taten säen, genau zu dem Zeitpunkt, an dem das Dharmarad gedreht wird! Schlecht für sie, schlecht für die anderen, ist dies in diesem Leben und dem nächsten die Ursache von nichts anderem als Leiden. Was bleibt da anderes zu sagen, als *Lama könchok khyen*, „O Lama und Drei Juwelen, denkt an uns!"

Dann gibt es auch Leute, die sagen: „Je Tsongkapa und seine Herzenssöhne, sowie andere gelehrte und realisierte Meister der Vergangenheit haben, gestützt auf Zitate aus den Schriften, gelehrt, man dürfe gemäß der Pratimokscha-Gelübde Fleisch essen, das auf die dreifache Weise rein ist. Aber heutzutage", fahren sie fort, „reden ignorante Dharma-Praktizierende, Einsiedler und dergleichen, viel Unsinn darüber und verbieten das Fleischessen. Diese schwarzen Dämonen wollen die Mönche um ihre Nahrung bringen! Aber es ist doch so, durch den Verzehr von Fleisch bleiben die Mönche bei Kräften und können besser den Dharma praktizieren. Und außerdem, wenn der Sangha nicht in dieser Weise unterstützt würde, ginge sein Anteil stattdessen an Schlächter und gewöhnliche Leute – was sehr verwerflich und unbedacht wäre. Auf jeden Fall", so folgern sie, „egal, wie oft die Leute sagen, man solle kein Fleisch essen, Tatsache ist, sollte es Mönchen und Nonnen nicht gestattet sein, Fleisch (das von Negativität frei ist) zu essen, dann folgt daraus, dass es gewöhnlichen Menschen ebenfalls nicht zu gestatten ist. Es gibt also viele gute Gründe, Dharma-Praktizierenden das Fleischessen zu erlauben."

Menschen, die so etwas sagen, essen nicht nur selber Fleisch; sie empfehlen es auch in der Öffentlichkeit und in Privatgesprächen. Es ist, als wären sie von Dämonen beraten, was man essen soll. Haben doch alle Buddhas der Vergangenheit einstimmig erklärt, dass Bodhichitta, die charakteristische Geisteshaltung des Mahayana, auf der Basis von Pratimoksha kultiviert werden muss. Indem man sich zunächst in dem ursächlichen Fahrzeug der Paramitas und dann im resultierenden Fahrzeug des Vajrayana schult, wird man ein Vajrahalter *aller drei* Gelübde. Demgemäß nehmen wir, die wir jetzt den Dharma praktizieren, indem wir unseren Lehrern nacheifern und ihnen dienen, zuerst die Pratimoksha-Gelübde, dann üben wir unseren Geist schrittweise in Bodhichitta mit dem Ziel der Praxis von Mahamudra, Dzogchen, Pfad und Frucht, Befriedung und Chöd. Selbst wenn wir nicht so weit kommen, denke ich, dass es wohl niemanden gibt, der, nachdem er Zuflucht und Bodhichitta genommen hat, nicht täglich die damit verbundenen Gelübde erneuert.

Wenn Praktizierende am frühen Morgen in Gegenwart der Buddhas und ihres Lehrers das Gelübde nehmen, Bodhichitta des Anstrebens und der Anwendung zu kultivieren und sich dem Verhalten der Bodhisattvas verpflichten und dann am Nachmittag anderen Wesen Schaden zufügen – selbstverständlich nicht direkt, aber dennoch indirekt – indem sie behaupten, Fleischessen wäre gestattet (und dabei bewusst ignorieren, was Buddha wiederholt im Zusammenhang mit den Bodhisattva-Gelübden gelehrt hat: dass Fleisch, Resultat von Leiden, das anderen zugefügt worden ist, nicht gegessen werden soll), kann das nur bedeuten, dass diese Leute, vollgestopft mit Fleisch, den Verstand verloren haben und im Delirium daherschwatzen. Denn dies kann nicht die Ansicht von zurechnungsfähigen Menschen sein. Wie wunderbar, wenn man im Kontrast dazu ehrlich sagen kann: „Ich praktiziere die Lehren der Sutras und Tantras, und ich bin gewiss, dass mein Verhalten von Fehlern nicht verunreinigt ist."

Doch gibt es, was jedes einzelne der drei Gelübde betrifft, viele abweichende Ausnahmeregelungen, die für den Fall einer wirklichen Notwendigkeit oder eines entscheidenden Nutzens für sich und andere gestatten, was sonst verboten ist.[7] Man darf jedoch nicht annehmen, dass derartige Ausnahmen leichtfertig und ohne besondere Gründe bestehen. Manche werfen ein, dass Khedrup Rinpoche auf der Basis von Überlegungen und Schriftzitaten gelehrt hat, es sei erlaubt, Fleisch zu essen, das dreifach rein ist. Und die Leute werden sich dabei zweifellos auf sein Buch *Kurzdarlegung der Drei Gelübde* stützen und uns empfehlen, es zu studieren.

Um Gewissheit zu haben, sollten wir uns diesem Thema mit Intelligenz und Sorgfalt widmen. Denn es gibt nicht eine einzige Silbe in Buddhas Schriften, die der ehrwürdige Khedrup übersehen hätte. Er betrachtete sie alle als persönliche Anweisungen. Durch Argumente und Schriften zeigte er auf, dass die Sutras und Tantras in vollkommener Harmonie miteinander sind und einander ergänzen und so den gesamten Umfang von Buddhas Lehre als einen zusammenhängenden Weg darstellen. Als er aber einmal erklärte, dass für jemanden, der das Bodhisattva-Gelübde genommen hat, die Lehre des *Lankavatara Sutra*[8] nicht den Regeln des Pratimokscha widersprechen würde (die den Verzehr von Fisch und dem Fleisch von Tieren mit geteilten Hufen zulassen), hat er lediglich den Standpunkt derer dargestellt, die sagten, dass es den Menschen, die die Mantrayana Gelübde genommen haben, gestattet sei, die Fleischarten zu genießen, die im Pratimoksha verboten sind. Eine Ansicht, der er widersprochen hat.

Tatsächlich wurde der Fleischkonsum denjenigen, die das Bodhisattva-Gelübde genommen haben, niemals gestattet. Ganz im Gegenteil wird klar gesagt, dass der Verzehr von Fleisch für sie verboten ist. So sind diejenigen, die nach dem Genuss von Fleisch süchtig sind und die Last der Verantwortung den Schultern von Meister Tsongkhapa und seinem Herzenssohn Khedrup und anderen Meistern der Vergangenheit aufbürden wollen, indem sie behaupten, diese hätten es erlaubt, weit von Mitgefühl entfernt, welches der Nährboden ist, auf dem das Streben nach höchster Erleuchtung kultiviert wird. Sie haben keine karmische Verbindung mit den Bodhisattva-Prinzipien, seien sie hoch, mittel oder niedrig. So lässt man sie am Besten sagen, was sie wollen – dass sie Fleisch essen, weil sie Shravakas oder Tantrikas sind! Am Ende wird man sehen, was mit ihnen geschieht!

Manche werden auch einwenden, Fleischessen sei zwar tatsächlich falsch, die Texte der Sutras und Tantras jedoch erklärten, man könne den Bruch und die Schuld bereinigen mit der Rezitation der Namen der Buddhas oder bestimmter Mantras und Dharanis oder mit einer kurzen Meditation über die Yidam-Gottheit mit der Rezitation ihres Mantras. Auf diese Weise wäre keine negative Tat begangen worden. Mehr noch, sie sagen, wenn man sich dabei auf das geschlachtete Tier konzentrieren würde, hätte es einen Nutzen davon, und könne so karmisch gesehen sogar als vom Glück besonders begünstigt angesehen werden. Zugegeben, fahren sie fort, wenn gewöhnliche Menschen Ziegen, Schafe und Yaks schlachten und ihr noch warmes Fleisch und Blut verzehren, wäre ihre Tat absolut unrecht. Wenn aber Dharma-Praktizierende Fleisch essen und dabei die segensreichen Worte des Buddha rezitieren, hätte das Tier einen großen Nutzen davon. Deswegen, so folgern sie, wäre es in Ordnung, Fleisch zu essen, vorausgesetzt, dass man nicht allzu gierig danach ist. Außerdem führen sie zu ihrer Entschuldigung an, die Umstände und die Menschen ihrer Umgebung würde sie praktisch zum Fleischessen verpflichten.

Diese Leute sollten Folgendes überlegen – und sie werden verstehen: In der Vergangenheit, beim ersten Drehen des Dharmarades, sagte der mitfühlende Buddha, negative Taten sollen vermieden und tugendhafte Taten ausgeführt werden und man solle allezeit ein gutes, mitfühlendes Herz haben. In seiner ursprünglichen Lehre hat Buddha nicht gesagt, Dharmapraktizierende können oder sollen Fleisch essen. Er hat keine Garantie gegeben, dass Fleischesser durch das Rezitieren seiner Worte (Mantras usw.) vor negativen Folgen geschützt sind. Daher ist es am besten, das Fleischessen völlig zu unterlassen.

Warum dann hat der Buddha über die Möglichkeit einer Reinigung der negativen Folgen des Schlachtens von Tieren, des Fleischverzehrs und anderer negativer Taten gesprochen? Er hat sich dabei auf die negativen Handlungen bezogen, die man, in Unwissenheit versunken, in vorangegangenen Leben begangen hat, vom anfangslosen Samsara bis in die Gegenwart. Außerdem meinte er jene Taten, die man am Anfang der jetzigen Existenz begangen hat, wenn man keine andere Möglichkeit hatte, sich zu ernähren oder von Unwissenheit, Gier und Aversion überwältigt und unterdrückt wurde. Aber wenn man sein negatives Verhalten nun erkennt und es mit einer so machtvollen Reue bekennt, als hätte man gerade tödliches Gift verschluckt; wenn man die ehrliche Absicht hat, sich zu bessern und gelobt, seine Fehler niemals zu wiederholen, koste es das eigene Leben; wenn man die Namen Buddhas, Mantras und Dharanis rezitiert, *Tsa-tsas* anfertigt und Umrundungen von Heiligtümern macht, usw. (was unter den vier Kräften des Bekennens die „Kraft der heilenden Praxis" ist) – werden unsere üblen Taten tatsächlich gereinigt. So lautet die Lehre.[9]

Buddha hat in den Sutras immer wieder Ähnliches gesagt, wie: „Meine Anhänger sollen alle Handlungen aufgeben, die auf direkte oder indirekte Weise andere Wesen verletzen." Man mag seine Worte missachten; man mag bewusst andere dazu verleiten, Böses zu tun, um sich selbst mit Fleisch zu versorgen. Man mag denken, „in den Sutras und Tantras gibt es immer geschickte Mittel, um negativen Folgen entgegenzuwirken, so dass ich ohne Befleckung bleibe." Und man mag sich beschwichtigen, indem man sich sagt, dass es Substanzen gibt, die man dem Tier ins Maul geben kann und Worte, die ihm ins Ohr geflüstert und seinem Geist eingeprägt werden können, so dass es nicht in den niederen Bereichen verbleiben muss. Dies alles offenbart jedoch nur das völlige Versagen, die Bedeutung von Buddhas Lehre zu verstehen. Es ist eine Perversion des Dharma. Sich in dieser Weise zu verhalten, bedeutet wie chinesische Muslime[10] zu handeln, die außerhalb des Dharma sind. Denn ihre Kleriker sagen zwar, es sei eine große Sünde, wenn andere Menschen Lebewesen töteten, doch wenn sie es täten, wäre es nicht sündhaft. Sie behaupten, da die geschlachteten Tiere auf diese Weise mit ihrer Religion in Berührung gekommen seien, stünde es in Zukunft besser um sie. Ich habe gehört, dass diese Geistlichen die Schafe beim Hals packen und sie töten, indem sie ihnen die Köpfe abschneiden. Wenn das stimmt, dann gibt es absolut keinen Unterschied – in der Tat selbst wie in der Absicht – zwischen diesen Menschen und der Art von Buddhisten, die wir gerade beschrieben haben. Fortan sollten deshalb jene, die Fleisch essen wollen, zusätzlich zu ihren vorher erwähnten Rechtfertigungen ein paar Unterrichtsstunden bei den Geistlichen der Muslime nehmen und ihre Tradition studieren! Sie könnten ein oder zwei Dinge lernen! Vielleicht würde es ihnen gut tun, und sie können so ihrer Verunreinigung entgehen!

Man muss sich nur einmal anschauen, wie sich eine Katze verhält. Sie fängt eine Maus und zuckt schon aufgeregt, weil sie vorhat, sie zu töten. Und dann, fast als hätte sie Mitleid mit der Maus, lässt sie sie wieder laufen und spielt mit ihr – obwohl das sicherlich kein Spiel ist. Später, nachdem sie sich lange auf diese Weise amüsiert hat, nimmt sie die Maus ins Maul, trägt sie in eine Ecke und verschlingt sie. Auf genau diese Weise verhalten sich einige Praktizierende des Dharma! Sie heucheln Mitgefühl mit der Ziege oder dem Schaf, das geschlachtet werden soll, indem sie für das Tier beten und viele *Mani*-Mantras rezitieren. Wenn das Tier dann geschlachtet und sein Fleisch gekocht ist, nehmen sie es mit sich an einen ruhigen Ort, wo man sie nicht sehen kann und schlingen es wonnevoll herunter. Viele Leute machen das so. Einmal hörte ich von einer Katze, die eine Maus gefangen hatte und sie davontrug. Dann wollte die Katze mit der Maus spielen. Als sie die Maus losließ, entkam sie und versteckte sich unter einem umgedrehten Korb in der Nähe. Die Katze saß da, spähte unter den Korb und miaute sanft, Süße und Mitgefühl in Person. Als aber die Maus tiefer in ihr Versteck hineinkroch, war die Katze verärgert und suchte überall herum. Alle, die das mitansahen, brachen in Lachen aus! Genauso verhalten sich einige moderne Dharma-Praktizierende! Sie heucheln Mitgefühl und rezitieren eine Menge Manis, während das Schaf geschlachtet wird. Aber wenn sich der Augenblick des Todes hinauszögert, werden sie ärgerlich und nervös. Immer, wenn ich so ein Theater erlebe, denke ich, dass nicht nur die Buddhas in der Unendlichkeit des Raumes darüber sicher lachen müssen, sondern auch ganz gewöhnliche Menschen sich sehr amüsieren würden, wenn sie von den Albernheiten gewisser Dharma-Praktizierender hörten! Wie dem auch sei, wenn ein paar Menschen tatsächlich eine Art Mitgefühl entwickeln und Mantras rezitieren, glaube ich, dass es ihnen tatsächlich ein wenig Nutzen bringt, auch wenn es für das tote Tier nicht besonders hilfreich ist!

Das ganze Problem kann folgendermaßen zusammengefasst werden: Für gute und mitfühlende Dharma-Praktizierende ist die Frage, ob man von Negativität verunreinigt wird oder nicht, völlig unwesentlich. *Aufrichtig* Praktizierende fühlen ein natürliches, tief sitzendes, von Herzen kommendes Mitgefühl mit den geschlachteten Schafen oder Ziegen, so als wären diese ihre früheren Mütter, und es wird ihnen nicht in den Sinn kommen, an ihrer Tötung ihres Fleisches wegen beteiligt zu sein. Im Gegenteil, sie werden sich sehr dafür einsetzen, Leben zu retten; sie kaufen Tiere auf, die zum Schlachten bestimmt sind, um sie freizulassen. Tieren gegenüber Mitgefühl zu bezeugen, nachdem sie geschlachtet sind und ihr Fleisch gegessen ist – und dann für ihr Wohlergehen Mantras zu rezitieren ist nichts als ein dummes Theater. Das ähnelt jemandem, der einem Nichtanwesenden mutig Faustschläge verpasst. Menschen, die sich in dieser Weise verhalten, mögen zwar in den Augen von Unwissenden nett und sympathisch erscheinen, aber bei näherer Betrachtung gibt es an ihrem Verhalten nichts Nachahmenswertes – weder im Tun noch in der Intention. Wenn Menschen die Bedeutung von Buddhas Worten verdrehen und auf üble Weise wie beschrieben handeln, ist nicht Buddhas Lehre daran schuld. Es ist vielmehr so, dass die makellose Lehre durch die Handlungen und Absichten anderer verzerrt worden ist – mit dem Resultat, dass sie von den Lehren nicht-buddhistischer Ungläubiger nicht mehr unterschieden werden kann. Wenn wir doch alle auf eine Weise handeln könnten, dass so etwas nicht geschieht!

Allgemein betrachtet ist Buddhas Lehre auf das Glück und Wohlergehen der Lebewesen gerichtet. So wie es das Gebet ausdrückt: „Möge Buddhas Lehre, Quelle aller Freude und aller Wohltaten, lange bestehen!" Wenn also Menschen und Tiere in der Umgebung derer, die sich Buddhisten nennen, in Glück und Frieden zusammenleben, ist das ein Zeichen dafür, dass Buddhas Lehre lebendig und gegenwärtig ist. Wenn aber das Gegenteil der Fall ist und es Leiden und Streit gibt, ist die Lehre fern. Heutzutage bringen leider gewisse Mönche, unter dem Vorwand, Almosen für die klösterliche Gemeinschaft zu sammeln, über die Dörfer und ihre Einwohner große Not, über Menschen wie über Tiere.[11] Es bricht einem das Herz, das zu sehen! Aber ich will hier darüber nicht zu viel sagen. Es hört sowieso niemand zu. Schlimmer noch, wenn ich auf die persönlichen Fehler und Mängel von Dharma-Praktizierenden in hoher Stellung hinweise, reagieren sie meist mit großem Ärger. Und es besteht die Gefahr, dass die wirklich Mächtigen mich fangen und mir den Mund mit einem Messer zerschneiden. Es ist also besser, vorsichtig zu sein! Jedenfalls wird für diejenigen, die wirklich aufrichtig und mitfühlend sind, schon das wenige, das ich gesagt habe, hilfreich sein, während man sich, wenn man zuviel auf Leute einredet, denen es an moralischem Gewissen und an Sinn für Anstand mangelt, nur Schwierigkeiten einhandelt. In welchem Fall, wie das Sprichwort sagt, „der beste Rat ist, seinen Mund zu halten."

Unser Lehrer, von großem Mitgefühl erfüllt und geschickt in seinen Mitteln, stellte eine erste Regel über das Fleischessen für die Shravakas auf, die die Pratimoksha-Gelübde genommen hatten. Diese Regel besagt, dass das Fleisch von einhufigen Tieren wie Pferden und Eseln im Unterschied zum Fleisch von Paarhufern wie Yaks, Kühen und Schafe nicht verzehrt werden soll. Später stellte er eine zweite Regel auf, die alle Fleischprodukte untersagt, abgesehen von Fleisch, das auf die dreifache Weise rein ist. In Verbindung mit dem Bodhisattva-Gelübde und unter Berücksichtigung dessen, dass es nicht ein einziges Wesen gibt, das nicht einst eines unserer gütigen Eltern gewesen ist, hat er dann den Konsum jeglicher Art von Fleisch verboten, einschließlich des Fleisches von Tieren, die eines natürlichen Todes gestorben sind. Die Kadampalehrer der Vergangenheit sagten zu den ersten beiden im Zusammenhang mit dem Pratimoksha formulierten Regeln, dass sie anfänglich mit Rücksicht auf diejenige gegeben wurden, die ein intensives Verlangen nach Fleisch hatten. Der Buddha wusste, dass es diesen Menschen unmöglich gewesen wäre, seine Lehre anzunehmen, hätte er den Fleischverzehr von Anfang an völlig verboten. Doch nachdem sie den Dharmaweg betreten hatten und ihr Geist sich verfeinert hatte, stellte Buddha – selbstverständlich auch für Bodhisattvas – das Prinzip der vollkommenen Abstinenz von Fleisch auf. Was die Kadampas sagten, ist ganz und gar richtig. Als der Buddha das Dharmarad des großen Fahrzeuges drehte, erhoben viele Shravakas ihren Geist auf eine höhere Stufe, und viele von ihnen entwickelten Bodhichitta, den Erleuchtungsgeist. Danach unterließen sie es völlig, Fleisch zu essen. Deswegen ist es falsch, zu meinen, alle Shravakas wären Fleischesser gewesen.

Das große Wesen, der zweite Buddha, Tsongkapa, sagt wiederholt in seinen gesammelten Abhandlungen und belegt seine Worte durch Überlegungen und Zitate aus den Schriften, wenn man begreift, was die Trennungslinie ausmacht zwischen dem, was erlaubt und dem, was verboten ist, wird man verstehen, dass Sutras und Tantras mit einer einzigen Stimme sprechen. Im Zusammenhang mit den drei Gelübden erklärt er, dass ein dringendes Bedürfnis die Priorität über ein Verbot hat. Im Falle eines guten Grundes und wenn es für einen selbst und andere von großem Nutzen wäre, ist es gestattet, nicht von Fleisch und anderen Sinnesobjekten wie Alkohol und einem Partner abzulassen, sondern sich an ihnen als einem Schmuck der absoluten Wirklichkeit zu erfreuen. Das bedeutet aber nicht, dass man dies auf gewöhnliche Weise und in Abwesenheit einwandfreier Begründung tun dürfte. So sagt der ehrwürdige Khedrup in seinem Text *Kurzdarlegung der Drei Gelübde*: „Wie wunderbar wäre es doch, wenn alle, die den auf höchste Erleuchtung ausgerichteten Geist entwickeln – die Bodhisattvas des Grossen Fahrzeugs – den Verzehr jeder Art von Fleisch unterlassen würden! Selbst auf der Pratimoksha-Ebene ist mit Ausnahme von Fleisch, das dreifach rein ist, Fleischessen nicht gestattet. Man sollte nicht einmal in seinen Träumen behaupten, dass Fleischessen statthaft wäre, nur weil es einen danach gelüstet."

Heutzutage jedoch sieht man fast ausschließlich das Fleisch von Tieren, die ihres Fleisches wegen geschlachtet wurden. Es ist äußerst selten, Fleisch zu finden, das in dreifacher Weise rein ist. Und noch seltener ist es, Praktizierende anzutreffen, die kein Verlangen nach Fleisch haben. Es wäre daher sicherlich besser, wenn die Schwätzer, die herumtrompeten, dass der Verzehr von Fleisch akzeptabel sei, stattdessen über das Ausmaß ihrer Fehler nachdenken würden!

Der Konsum großer Mengen von Fleisch hat nicht nur auf lange Sicht schlimme Folgen für einen selbst (für zukünftige Leben), es ist auch eine offenkundige Tatsache, dass selbst im gegenwärtigen Leben viele Menschen an den Folgen von Giftstoffen sterben, die im Fleisch enthalten sind. Wir sehen und hören oft, wie Dharma-Praktizierende ihren Gönnern erzählen, sie bräuchten etwas Fleisch, und diese dann hinausgehen und ein Schaf schlachten. Und wenn die Schatzmeister in den Klöstern verkünden, es werde ein großes Fest stattfinden, dann werden den Nomaden zwanzig oder dreißig Schafe abgekauft und im Herbst geschlachtet. Das ist in den Klöstern, ob groß oder klein, eine ganz alltägliche Sache und führt dann zum Beispiel dazu, dass man bei einer Pilgerreise zu einem Kloster, in der Absicht, Opferungen und seine Ehrerbietung darzubringen, zuerst einmal mit dem Anblick von hoch aufgeschichteten Kadavern konfrontiert wird, bevor man überhaupt Abbildungen erleuchteter Wesen zu sehen bekommt. Also wenn das nicht verdient, „falscher Lebensunterhalt" genannt zu werden, dann sagt mir, was dann! Ihr „Dharma-Praktizierenden", die ihr darin nicht die direkte und indirekte Verletzung des Lebens von Ziegen und Schafen sehen könnt, seid ihr blind? Stimmt etwas mit euren Augen nicht? Und wenn ihr nicht blind seid, dann versucht wenigstens nicht, so zu tun, als wüsstet ihr von alledem nichts!

In unserem Land isst niemand das Fleisch von Pferden, Hunden oder Menschen, und deshalb geschieht es auch nicht, dass man sie ihres Fleisches wegen schlachtet. *Gäbe* es aber einen Markt dafür, eine Nachfrage, dann könnt ihr sicher sein, dass wir Pferdeschlächter, Eselschlächter, Hundeschlächter und Menschenschlächter hätten! Es gibt Gerüchte, dass es im fernen China so etwas tatsächlich gibt. Hier, in unserem eignen Land, essen viele Menschen das Fleisch von Ziegen, Schafen und Yaks – und seht nur, wie viele Schlächter es gibt! Buddha hat gesagt: „Jegliches Leid, das man direkt oder indirekt Lebewesen antut, ist unheilvoll. Lasst ab davon!" Dieselben Menschen, die Buddhas Worte verstehen, sagen aber weiterhin, sie würden den Wesen kein Leid zufügen, wenn sie ihr Fleisch essen. Welcher Dämon mag in sie gefahren sein? Lebewesen wird Leid zugefügt, ob nun direkt oder indirekt, wenn Fleisch gegessen wird. Keine andere Nahrung ist für das Leben der Wesen so unheilvoll und schädlich wie Fleisch!

Der mitfühlende Buddha, geschickt in seinen Methoden, hat tatsächlich Fleisch zu sich genommen, jedoch nur zu ganz bestimmten Anlässen und gezwungen durch die Bedingungen von Zeit und Ort. Er aß es zum Beispiel, wenn es nichts anderes zu essen gab oder wenn es sein Leben gefährdet hätte, hätte er davon Abstand genommen. In Situationen, wo die Gönner Fleisch zubereitet hatten, das in dreifacher Hinsicht rein war, aß er es – wenn seine Ablehnung bewirkt hätte, dass ihr Geben dann nicht seine volle positive Wirkung gehabt hätte, und wenn durch sein Annehmen ihre Ansammlung von Verdienst vervollkommnet wurde. Mit anderen Worten, in Situationen, die es wirklich erforderten, nahm er dreifach reines Fleisch zu sich. Wenn man jedoch behauptet, Buddha hätte Fleisch gegessen, ohne von den Umständen dazu gezwungen worden zu sein und das auch noch frohlockend verkündet, setzt man Buddha herab und unterstellt, er wäre nicht einmal ein Bodhisattva gewesen. Man übersieht den Abschnitt im *Lankavatara-Sutra*, in dem Buddha erklärt: „Wenn ich ein Fleischesser wäre, obwohl ich behaupte, es nicht zu sein, dann bin ich nicht ihr Lehrer, und sie sind nicht meine Schüler."

Von Neid überwältigt, ließ Devadatta einen Felsbrocken auf den Buddha losstürzen, hetzte einen wilden Elefanten auf ihn und machte viele andere Pläne, um ihn zu töten. Er verleumdete ihn, indem er behauptete, Buddha würde Fleisch essen, während er, Devadatta, dies nicht täte. Tatsächlich aß Devadatta insgeheim Fleisch, doch vor anderen lehnte er selbst das dreifach reine Fleisch ab. Er verschleierte seine Vortäuschung mit falschen und hohlen Worten, indem er sagte: „Schaut! Buddhas Disziplin kommt der Devadattas nicht gleich. Er is ein Fleischesser wie alle anderen!" Wer in gleicher Weise spricht, ist auf Devadattas Seite. Wer behauptet, Buddha und sein Gefolge hätten zu Mittag immer, selbst wenn es nicht nötig war, dreifach reines Fleisch gegessen, erweist dem Buddha und seinen Schülern keine Ehre, sondern bringt Schande über sie. Sie wiederholen solche Behauptungen nicht nur vor Buddhisten, sondern auch vor Nicht-Buddhisten. So diffamieren sie unseren Lehrer und unterstellen stillschweigend, dass er sich mit Devadatta in keiner Weise messen und das Fleischessen nicht lassen konnte. Statt derartige Verleumdungen auszustoßen, sollten sie lieber ihre Klappen halten. Und wenn sie das nicht schaffen, sollten sie diese besser mit Exkrementen zustopfen!

In der Vergangenheit haben Buddha und seine Schüler von Almosen gelebt. Sie hatten keinen festen Wohnsitz, weder Geld noch Vorräte und machten auch keine Geschäfte durch Kauf und Verkauf. Es erübrigt sich zu sagen, dass sie mit dem Handel von Fleisch überhaupt nichts zu tun hatten. Dementsprechend war jegliches Fleisch, das sie konsumierten, zwangsläufig auf die dreifache Weise rein. Es war ihnen schlicht unmöglich, in einen schlechten Lebensunterhalt verstrickt zu sein. Heute aber werden Klöster gebaut und dort mehr Waren gehortet als für jeden privaten Haushalt. Man lässt in der Umgebung Schlächter leben, und sie wiederum schlachten Tiere in dem Wissen, dass die Mönche kommen werden, um das Fleisch zu kaufen. Und genau das tun die Mönche – es ist einfach eine Frage von Angebot und Nachfrage. Auf diese Weise werden – dank der Käufer und Schlächter, die Hand in Hand arbeiten – hunderte und tausende von Ziegen und Schafen getötet. Wenn das also kein Vergehen, keine Schuld beinhaltet, und wenn *diese* Art von Fleisch dreifach rein ist, kann das nur bedeuten: Für diese Leute ist alles zur unendlichen Reinheit geworden.[12] Es bedeutet, dass die geschlachteten Wesen dieses dekadenten Zeitalters vom Glück ganz besonders begünstigt sind und dass man nichts falsch machen kann, ihnen auf direkte und indirekte Weise Leid zuzufügen! Es bedeutet, dass Buddha dies in seinen Regelungen nicht verboten hat, weder direkt noch implizit, und dass es nicht falsch ist, das Fleisch von Tieren zu essen, die von Fleischhändlern umgebracht wurden! Aber die Mönche müssen sich ja nicht um das kümmern, was Buddha gesagt hat – natürlich nicht – denn sie genießen ja in ihrem Verhalten die Freiheit verwirklichter Siddhas! Dann nur zu, wenn ihr das glaubt.

So haben wir jetzt also eine neue, nie zuvor gekannte Dharma-Tradition! Es ist der Dharma des fleischessenden Buddha und fleischessender Lamas, der für ihre fleischessenden Schüler und die Schlächter und Lieferanten, die sie versorgen, ins Leben gerufen wurde! Es ist eine Tradition, die für die Ausrottung von Tierarten wie der Ziegen und Schafe eintritt. Aber passt auf, Ihr Anhänger unseres Lehrers! Wenn das lange genug so weitergeht, wird die Zeit kommen, da alle Ziegen, Schafe und Yaks ausgerottet sein werden. Und dann werden Hunde, Pferde und auch Menschen auf der Hut sein müssen!

In vergangenen Zeiten haben Götter, Nagas, Menschen und *Gandharvas* Buddha und seine Schüler auf vielerlei Weise verehrt. In den Sutras wird immer wieder gesagt, dass sie ihnen Nahrung dargebracht haben, die mit den „drei Weißen und den drei Süßen" zubereitet worden war. Niemals wurde gesagt, sie hätten sie zum Verzehr der „drei Roten und der drei Sauren" eingeladen! So etwas ist mir in den Schriften niemals begegnet. Gleichermaßen aßen der zweite Buddha und sein Herzenssohn[13], als sie sich in Yerpa Lhari und anderswo aufhielten, ausschließlich die drei weißen und die drei süßen Substanzen, eine Nahrung also, die Buddha selbst gebilligt hat. Nirgendwo in seiner Biographie oder anderswo steht geschrieben, er und seine Schüler hätten viel reines Fleisch gegessen. Noch wird in den Lebensgeschichten von Je Rinpoche (der als herausragender Überträger der Lehre dem Buddha selbst gleicht) und seinen Herzenssöhnen gesagt, dass sie eine Neigung zum Fleischessen gehabt hätten. Allen, die ihm folgen, wird niemals der Kauf von reinem Fleisch empfohlen noch sein Verzehr als Befriedigung eines Verlangens danach.

Natürlich kann man hier den Einwand vorbringen, dass es die Geschichte von dem Haushälter in Rajgir gäbe, der dem Buddha eine Fleischbrühe angeboten hatte, die auch viele seiner Mönche zu sich nahmen. Man muss dabei aber bedenken, dass der Gastgeber die Brühe im Wissen angeboten hatte, es würde ein großes Verdienst daraus entstehen, Buddha und seinem Gefolge Ehre zu erweisen; und er dachte ehrlich, dass Suppenbrühe auf Basis gekochten Fleisches für normale Menschen die beste und leckerste Nahrung sei und deshalb die beste Opfergabe. Buddha seinerseits wusste, dass – würde er die Gabe nicht annehmen und sich weigern, die Suppe zu essen – die Tat des Gönners keine Früchte tragen und der Wohläter selbst kein Verdienst ansammeln würde, wohingegen das Annehmen die tugendhaften Ansammlungen des Gönners vervollkommnen würde. Deshalb nahm Buddha einen Schluck von der Suppe, doch ohne die geringste Spur von Begehren, wie eine Mutter angesichts des Fleisches ihres eigenen Kindes oder wie jemand Hundefett auf eine Wunde auftragen würde, also aus dem alleinigen Grund, dass es für jemand anderen gut wäre. Daraus sollten wir nicht schließen, Buddha hätte die Angewohnheit entwickelt, Fleischbrühe zu sich zu nehmen! Um anderen zu nützen, aßen der Buddha und seine Schüler sogar schlechtes, vergiftetes Essen, das von einem Zauberer zubereitet worden war!

Manch einer mag einwenden, dass Devadatta wegen der Shravakas, die immer dreifach reines Fleisch aßen, behauptete: „Buddha und seine Anhänger essen Fleisch, aber wir tun das nicht!" Und es stimmt, dass in dem Text *Die Drei Gelübde* gesagt wird, die Shravakas hätten regelmäßig Fleisch gegessen, das in dreifacher Hinsicht rein war; aber in Wahrheit taten sie dies nur in großer Not und Zwangslage. Wer kann außerdem Devadatta und Sunakshatra vertrauen und ihre Worte für wahr nehmen? Sie kritisierten den Buddha aus Eifersucht, und ich denke, dass all jene, die glauben, unterstützen und wiederholen, was diese gesagt haben, sich von Buddhas Lehre und der Linie seiner Schüler abwenden.

Es kann auch der Einwand gemacht werden, Khedrup Je hätte wirklich klar und deutlich, mit wohlüberlegter Beweisführung und Zitaten aus den Schriften, gesagt, Fleisch, das in dreifacher Hinsicht rein ist, könne gegessen werden. Es stimmt, dass im Falle von wirklicher und echter Nötigkeit nicht nur Khedrup Je, sondern sogar Buddha selbst die Erlaubnis dazu gegeben hat. Wenn man mit Fleisch in Berührung kommt, sollte man überprüfen, ob es dreifach rein ist oder nicht. Darüber hinaus gibt es viele Einstellungen, mit denen Fleisch gegessen werden kann.. Khedrup Je hat niemals gesagt, es wäre in Ordnung, Fleisch zu essen, nur weil es einen danach gelüstet. In seiner Schrift Kurzdarlegung der Drei Gelübde steht: „Was heißt es, kein Verlangen nach Fleisch zu haben? Du solltest Dich fühlen wie der König und die Königin in der Geschichte, in der sie das Fleisch ihres Sohnes essen mussten. Untersuche, ob Du Dich auch so fühlst. Du müsstest Dich fühlen, wie jemand, dem schlecht ist, der nichts essen kann, der schon von dem Anblick angewidert ist und der, wenn er es essen muss, es ohne Appetit und Genuss tut." Folglich können diejenigen, die behaupten, Khedrup Je hätte das Fleischessen tatsächlich empfohlen, keine wahren Schüler von Tsongkhapa und seinen Nachfolgern sein. Sie sind vielmehr eine Schande für ihre Tradition. Die Unterweisung von Je Rinpoche, man solle im Moment des Erlangens einer hohen Verwirklichung – als hilfreiche Faktoren zur Erzeugung von Glückseligkeit und Leerheit – Fleisch essen und Alkohol trinken, ist eine spezielle Anweisung und auf keinen Fall ein genereller Freibrief für gewöhnlichen Fleischkonsum! In jeder gegebenen Situation stehen Notwendigkeit und dringliches Erfordernis über dem Verbot. Wir sollten uns deshalb nicht erlauben, daraus die Schlussfolgerung zu ziehen, er hätte ohne weiteres und ungeachtet der besonderen Umstände, denen empfohlen, Fleisch zu essen, die Lust darauf haben!

Praktizierenden in einer Situation von großer Dringlichkeit, egal auf welcher Ebene von Gelübden sie sich befinden – Pratimoksha, Bodhisattva oder Mantrayana – kann es aufgrund ihrer Fähigkeiten ausdrücklich gestattet sein, Fleisch zu essen, Alkohol zu trinken und einen Partner zu nehmen. Das ist unbestreitbar so. Aber wir, die wir versuchen, den wahren Sinn der Lehren Buddhas, Je Rinpoches und seiner spirituellen Söhne zu verstehen, sollten uns nicht ausschließlich an die bloßen Worte halten. Wenn Fleisch, Alkohol, usw. für unseren Geist schädlich sind, sollten wir sie sicherlich meiden.

Es könnten wiederum manche entgegnen, dass die Unterweisung, die im *Kalachakra-Tantra* und in seinem berühmten Kommentar gegeben wird („Wenn es keinen Fleischesser gibt, wird es auch keinen Schlächter von Tieren geben."), sich nicht von derjenigen der Jainas unterscheidet. Deshalb sei sie unvernünftig und solle, obwohl sie sich in dem Kommentar befindet, nicht befolgt werden.

Der Buddha hat gesagt, dass alles, was auf direkte und indirekte Weise den Wesen Nutzen bringt, erlaubt ist, selbst wenn es den Anschein einer negativen Tat hat. Und umgekehrt, was immer Lebewesen direkt oder indirekt verletzt – auch wenn es scheinbar eine positive Tat ist – sollte in dieser Situation nicht ausgeführt werden. Eine Ansammlung von Verdienst, die zu etwas Schädlichem wird, ist negativ. Wenn also eine Handlung mit Buddhas Anweisung übereinstimmt – „Gib jedes negative Handeln auf, handle tugendhaft, bezähme vollkommen Deinen Geist: Das ist die Lehre Buddhas." – ist zu befürworten, gleichgültig ob sie von Hindus, Bönpos, Hoshangs oder Muslimen stammt. „Was auch immer in den nicht-buddhistischen und weltlichen Traditionen mit dem Buddha-Dharma übereinstimmt", sagte Buddha, „soll wie meine Lehre respektiert werden." Wäre das anders, wäre es also verboten, in Übereinstimmung mit dem Glauben und den Verhaltensweisen derer zu handeln, die außerhalb des Dharma stehen, müssten wir alle weltlichen Wissenschaften aufgeben und darauf verzichten. Denn mit Ausnahme der inneren Wissenschaft des Dharma werden sie gleicherweise von Nicht-Buddhisten praktiziert. Kurz, wenn die üble, schädliche Tat des Tötens nicht begangen wird, ist unser Anliegen, unsere Zielsetzung erfüllt, und darauf kommt es an.

Trotzdem werden ein paar Leute immer noch folgendermaßen widersprechen: „Es gibt viele Anlässe, zu denen Buddhas Anhängern, entweder im Zusammenhang mit den Pratimoksha-, Mahayana- oder Mantrayana-Gelübden, die Erlaubnis gegeben wird, Fleisch zu essen. Und sogar die Vajrahalter der drei Gelübde essen Fleisch, das auf die dreifache Weise rein ist. Es ist nicht nötig, nur für diejenigen eine Ausnahme zu machen, die ausschließlich dem Pratimoksha entsprechend praktizieren. Darüber hinaus sollten die Vinaya-Regeln immer dem Land und der Zeit, in der sie Anwendung finden, angepasst werden. Fleisch mag sehr wohl eine üble Nahrung sein, aber eine Ernährung in vollkommener Harmonie mit dem Dharma lässt sich in Tibet nur sehr schwer finden. Wenn also Praktizierende sich in den buddhistischen Lehren schulen und gleichzeitig Fleisch essen, machen sie sich dann nicht nur keines Vergehens schuldig, sondern werden, wenn sie Erleuchtung erlangen, in der Lage sein, all denen zu helfen, die in irgendeiner Weise mit ihnen verbunden sind. Wie kann der Fleischverzehr solcher Praktizierenden mit dem Verhalten gewöhnlicher Menschen,

Fleischer und Jäger verglichen werden? Es mag hunderte, ja tausende von Gründen geben, kein Fleisch zu essen, aber Tatsache ist, dass es gegessen werden muss. Man mag wohl Praktizierenden und gewöhnlichen Menschen sagen, sie sollten kein Fleisch essen, wenn sie den Höllenfeuern entgehen wollen, aber niemand kann ohne es leben."

„Wenn ihr also", werden diese Leute sagen, „eine Lehre kennen solltet darüber, wie wir Fleisch essen können, ohne davon verunreinigt zu werden, gebt sie uns bitte. Wenn aber nicht, dann solltest du und deinesgleichen in Zukunft eure Ratschläge und Praktiken lieber für euch behalten; ihr solltet darüber meditieren, dass der Zeitpunkt des Todes ungewiss ist und für euer eigenes Wohlergehen ein paar Manis rezitieren! Eure Dharmalehre ist zu einseitig, und ihr zerstört das Leben der Klöster. So haltet besser euren Mund – und wenn ihr das nicht tut, dann werdet ihr schon noch erleben, was euch gebührt! Kommt es schließlich nicht genau daher, weil ihr kein Fleisch esst, dass ihr so empfindlich und gereizt seid? Ist das nicht der Grund dafür, dass ihr so eine elende Plage seid? Aber was wir euch auch sagen, ihr hört ja doch nicht zu – so verschwindet bloß und wettert gegen den leeren Himmel, es ist uns piepegal, was ihr sagt!"

Sie haben wohl recht; es ist sehr gut möglich, dass niemand mir zuhören will oder kann, um zu beherzigen, was ich sage. Anderseits könnten es ein oder zwei intelligente und mitfühlende Menschen aber doch tun. So habe ich das Gefühl, dass ich um ihretwillen diese Belehrungen nach bestem Vermögen darlegen muss. Auch was die Grundsätze der drei Gelübde betrifft, mögen sie recht haben. Vieles ist erlaubt und vieles verboten. Man muss aber wissen, wo die Grenze zu ziehen ist. Wie kann es richtig sein, einfach zu behaupten, es gäbe eine Zustimmung, Fleisch zu essen, und es ohne einen Augenblick der Besinnung dann auch zu tun? Wie kann es sein, dass wir so leichtsinnig die drei Gelübde brechen, wie Ziegen, die in einen Fluss springen und sich dabei verletzen und zum Krüppel werden?

Die Umstände, unter welchen das Essen von Fleisch erlaubt ist, sind folgende: Gemäß dem Pratimoksha entsprechend darf man Fleisch essen, wenn man auf einer langen Reise ist, sagen wir von Kham nach Zentral-Tibet, und wenn man *tatsächlich* keine andere Nahrung als Fleisch zur Verfügung hat, in dem Maße, dass unser Leben davon abhängt. Genauso könnte man schwer krank sein, mit seinen Kräften am Ende und dem Tode nahe, so dass unser Leben davon abhängen mag, etwas Fleisch zu essen. Im Zusammenhang mit dem Bodhisattva-Gelübde ist es wahr, dass, wenn ein Bodhisattva, der auf den Stufen der Verwirklichung weilt, am Dahinscheiden wäre, das Licht der Lehre ausgelöscht würde, wohingegen viel Gutes und Segensreiches sich für die Lehre und die Wesen ergeben würde, wenn er oder sie lange leben könnte. Wenn also einige große Meister sehr alt werden und ihre Kräfte auffrischen müssen, ist es ihnen erlaubt, Fleisch zu essen. Auch dürfen im Vajrayana-Kontext Yogis, welche in der Erzeugungs- und Vollendungsphase Gewissheit erlangt haben, während eines Ganachakra-Opferfestes Fleisch essen und als ein Mittel, die Verwirklichung von Glückseligkeit und Leerheit zu erlangen und so weiter. Kurz gesagt, Fleischessen ist zu akzeptieren, wenn es einen wichtigen Grund dafür gibt in dem Sinne, dass dadurch Wohl und Nutzen für einen selbst und andere bewirkt wird.

Bestimmten Personen können besondere Erlaubnisse eingeräumt werden, die aber nicht für jeden und jederzeit gelten. Wenn zum Beispiel die Mönche zur Tugend ermahnt werden, wird ihnen dringend angeraten, immer am Ganachakra teilzunehmen, keine Frauen in ihren Behausungen zu empfangen und keinen Alkohol zu trinken. Alle sind verpflichtet, sich dementsprechend zu verhalten. Wenn es jedoch für den Verwalter des Klosters aufgrund seiner Pflichten wichtig ist, länger zu arbeiten, und wenn er den Grund angibt, warum er nicht an dem Ganachakra teilnehmen kann, erhält er eine Sondergenehmigung dafür, fernzubleiben. Und wenn alte und kranke Mönche um die Erlaubnis bitten, in ihren Zellen bleiben zu dürfen, wird es ihnen normalerweise gestattet. Wenn sie bei der Behandlung einer Krankheit etwas Alkohol mit ihrer Medizin nehmen müssen, wird ihnen das erlaubt. Und schließlich dürfen Mönche die kurz vor dem Tode stehen, ihre Mütter und Schwestern sehen. Ein weiteres Mal hat ein nötiges Erfordernis Vorrang vor dem Verbot. Buddhas Lehren sind von Natur aus mitfühlend. Deshalb wird, wenn ein dringliches Erfordernis für etwas Nützliches und Wohltätiges besteht (direkt oder indirekt, für einen selbst oder für andere) – für etwas, das unter normalen Umständen verboten ist – wird eine Ausnahme gemacht und Erlaubnis erteilt. Das gilt im Kontext aller drei Gelübde. Wenn jedoch eine solche Notwendigkeit nicht wirklich besteht, kann man nicht einfach tun, was einem passt und die Regeln übertreten. Wenn man das ganz klar versteht, dann werden die Lehren Buddhas, Quelle allen Wohlergehens und jeglicher Freude, nicht mehr verdreht, und es wird offensichtlich, dass sich Sutras und Tantras nicht widersprechen. Alle Schriften nehmen dann den Charakter persönlicher Unterweisungen an, die unserem Geist nützliche Hilfestellung geben. Das ist das Entscheidende. Wenn man Buddhas Lehren schätzt und sich zu Herzen nimmt, wird man selbst zu einem Quell des Heilsamen für andere Wesen; man wird fähig, sie zu einem sicheren Verständnis dieser und anderer schwieriger Punkte zu bringen.

Da es also – wenn nicht dringend nötig – für jemanden, der die drei Gelübde genommen hat, nicht wünschenswert und angemessen ist, Fleisch zu essen, selbst wenn es in dreifacher Hinsicht rein ist, ist es überflüssig, den Verzehr von Fleisch eines Tieres, das genau für diesen Zweck geschlachtet wurde, zu erwähnen. Wenn Menschen, deren innere Wind-Energie zu stark ist, Fleisch essen müssen und nicht ohne es auskommen können, sollten sie über den Schaden nachdenken, der mit dem Verzehr solcher Nahrung einhergeht und sich bemühen, sich von jeglichem Verlangen danach freizumachen. Wenn sie nicht sehen, hören oder vermuten, dass jemand das Tier für sie geschlachtet hat, und wenn sie Fleisch, das somit dreifach rein ist, kaufen und ein wenig davon essen, tun sie kein Unrecht.

Aber heutzutage, wenn die Lamas im Sommer und Herbst durch die Lande ziehen, um Spenden zu sammeln, schlachten ihre Gönner und Wohltäter täglich Ziegen und Schafe und bieten ihnen das Fleisch an. Dasselbe trifft auch für Mönche zu, die Zeremonien in den Dörfern abhalten. Die Leute schlachten dann massenhaft Tiere – Ziegen, Schafe und Yaks – um den Mönchen Fleisch vorsetzen zu können. Ebenso werden zu Zeiten religiöser Feste viele Tiere umgebracht. Wenn dann die Mönche und Lamas dieses Fleisch essen, konsumieren sie nicht nur das Fleisch von Tieren, die ihretwegen umgebracht wurden, sondern sie tun das auch noch im Namen des Dharma, und das gilt als viel schwerwiegender, als jede andere negative Tat. Vor solch einem Verhalten sollte man sich hüten, als wäre es Gift!

So manche sagen jedoch, es wäre in Ordnung, Fleisch zu essen, und dass es unter den Lamas und Lehrern, die das tun, einige gäbe, die Emanationen von Buddhas seien. Sie behaupten sogar, dass es selbst Schlächter gäbe, die Verkörperungen von Buddhas seien. Was wäre also falsch am Fleischessen?

Habt ihr schon jemals einen solch lächerlichen Unsinn gehört? Das erinnert mich an die Geschichte von den beiden Statuenmachern, die sich gegenseitig so viel betrogen und ausgetrickst hatten, dass sie beide für dieses und zukünftige Leben ruiniert waren. Glaubt niemals solchen Lügen! Vertraut niemals solchen Schwindlern und Scharlatanen, Leuten, die von einstigen Lamas erzählen, die Tiere getötet und sie angeblich in höhere Bereiche geführt haben, von Schlächtern, die Tiere höherem, besserem Schicksal zugeführt hätten und von Dharmabeschützern, die gleiches getan hätten. Glaubt lieber den diamantgleichen Worten Buddhas und achtet nicht auf die verführerischen, manipulativen Argumente sogenannter Praktizierender, die eigentlich nur gewöhnliche Menschen sind. Wir sollten *alle Lebewesen* als unsere gütigen Eltern betrachten, und um ihre Güte und das Gute, das sie uns erwiesen, zu erwidern und zu vergelten, wollen wir täglich über liebende Güte, Mitgefühl und den Erleuchtungsgeist meditieren. Beschmutzen wir uns nicht mit solch übler Nahrung, dem Fleisch und Blut unserer eigenen Eltern!

Dieses ist der Rat aus der Tiefe meines Herzens an alle, die mitfühlend und voller Hingabe sind, und die Wesensart von Bodhisattvas haben. Mögen sie sich an meine Worte erinnern. Mögen sie diese in ihrem Herzen bewahren.

Dieser *Nektar der Unsterblichkeit* ist eine Unterweisung, die das lodernde Feuer der Gier nach der üblen Nahrung, die das Fleisch und Blut unserer Väter und Mütter ist, zum Erlöschen bringt. Shabkar – der „Weißfuß-Yogi" hat sie zusammengestellt und in der wohltuenden Einsamkeit des Drong-Tals, wo der Geist seine natürlich-helle Klarheit wiederfindet, mit der guten Absicht niedergeschrieben, der Lehre und den Lebewesen nützlich zu sein.

Möge dies in direkter und indirekter Weise zum Wohl der Lehre und der Wesen sein!

Möge alles glückverheißend sein – *Sarva Mangalam*!

Glossar

ANGULIMALA-SUTRA, *sor phreng can gyi mdo*, Ein Mahayana Sutra, das dem dritten Drehen des Dharmarades angehört. Es erklärt die Lehre über die Buddha-Natur (tathagatagarbha).

ARIK GESHE JAMPEL GYALTSEN ÖZER, *'jam dpal rgyal mtshan 'odzer* (1726-1803), bedeutender Gelugpa-Gelehrter des Ragya-Klosters, der Shabkar im Jahre 1801 ordiniert hatte.

ARYA, *'phag pa* Wörtl.: Oberster, Erhabener oder Edler. Jemand, der die bedingte Existenz überwunden hat. Es gibt vier Arten erhabener Wesen: Arhats, Pratyekabuddhas, Bodhisattvas, Buddhas.

ATISHA, *jo bo rje* Auch als Dipamkarashrijnana bekannt (982-1054), Abt der klösterlichen Universität Vikramashila in Indien. Sein Besuch in Tibet im Jahre 1042, auf Einladung des Lama-Königs Yeshe Ö, brachte die hauptsächliche Inspiration für die Wiederherstellung des Buddhismus nach einer Periode der Verfolgung durch den König Langdarma. Atisha führte die Lehren des Geistestrainings ein, die er von seinem Lehrer Suvarnadvipa Dharmakirti erhalten hatte; sie verbinden die beiden Ströme der Bodhichitta-Lehren, die von Nagarjuna und Asanga übermittelt worden waren. Er war ebenfalls ein Meister der Tantras. Sein tibetischer Hauptschüler und Nachfolger war der Upasaka Dromtön (*'brom ston*), der Begründer der Kadampa-Schule. Atisha blieb zwölf Jahre lang in Tibet und starb dort 1054 in Nyethang.

BUDDHA DIPAMKARA Ein Buddha, der in entfernter Vergangenheit erschienen ist. Während seiner Zeit fasste der Asket Sumedha (der viele Kalpas später als Buddha Shakyamuni wiedergeboren wurde) den Entschluss, die Erleuchtung zu erlangen.

CHANGKYA ROLPE DORJE, *lcang skya rol pa rdo rje* (1717-1786) ein großer Gelehrter und Schriftsteller der Gelugpa-Schule. Er hatte enge Verbindungen zur Mongolei und zu China und spielte eine führende Rolle bei der Übersetzung des Kangyur in die Manchu-Sprache, sowie bei der Übersetzung und Revision des Tengyur ins Mongolische. Er verfasste die berühmte enzyklopädische Beschreibung der buddhistischen Lehren, *Darlegung der Lehrsätze* (*grub mtha'i rnam par bzhag pa*).

CHÖGYAL NGAKYI WANGPO, *chos rgyal ngag gi dbang po* (1759-1807) Auch als Ngawang Dargye bekannt; mongolischer König, der in der Region des Blau-Sees (Kokonor) lebte und ein berühmter Meister der Nyingmapas und Schüler des ersten Dodrupchen Rinpoche war.

DAKA, *dpa' bo* werden in den Tantras männliche Bodhisattvas genannt; das männliche Gegenstück zu einer Dakini. Ein weltlicher Daka ist ein Wesen, das über bestimmte übernatürliche Kräfte verfügt, die nicht unbedingt positiv sein müssen.

DAKINI, *mkha' 'gro ma* Darstellung der Weisheit in weiblicher Form. Es gibt verschiedene Ebenen von Dakinis: Vollkommen erleuchtete Weisheits-Dakinis und weltliche Dakinis, die über verschiedene übernatürliche Kräfte verfügen, die nicht unbedingt positiv sein müssen.

DEVADATTA, *lhas byin* Cousin von Buddha Shakyamuni, dessen extreme Eifersucht verhinderte, dass er irgendeinen Nutzen aus Buddhas Lehren ziehen konnte.

DHARMADHATU, *chos kyi dbyings* Der Bereich letztendlicher Realität.

DRIKUNG KYOBPA, *'bri gung skyob pa* (1143-1217) Begründer des Drikung-Klosters und der Drikung-Kagyu-Schule.

DROMTÖN, *'brom ston* Atishas angesehener Laienschüler (1004-1064). Er erbaute das Reting-Kloster (*rwa greng*), das zum Zentrum der Kadampa-Tradition wurde.

DRUKPA KUNLEG, *'brug pa kun legs* (1455-1529) Verwirklichter Meister und Poet, der den Lebensstil eines „verrückten Yogi" angenommen hatte und der Drukpa-Kagyu Schule angehörte. Er war bekannt für seine Gesänge der Verwirklichung und für seinen exzentrischen, schelmenhaften Lebensstil.

GAMPOPA (1079-1153) Auch als *Dhakpo Lharje* bekannt. Bevor er Mönch in der Kadampa-Tradition wurde, war er ein Arzt. Nachdem er seinen Wurzellama, Milarepa, getroffen hatte, wurde er dessen Hauptschüler und erhielt von Milarepa die Übertragung der Sechs Yogas von Naropa. Er vereinte den klösterlichen mit dem yogischen Weg und übte einen entscheidenden Einfluss auf die Kagyupa-Tradition aus.

GANACHAKRA, *tshogs kyi 'khor lo* Tantrisches Opferfest, das im Rahmen einer Sadhana-Praxis ausgeführt wird.

GELUGPA, *dge lugs pa* Eine der Neuen Übersetzerschulen, die von Je Tsongkhapa (1357-1419) gegründet wurde. Ihr Oberhaupt ist der Thronhalter des Ganden-Klosters, ihr bekanntestes Mitglied ist Seine Heiligkeit der Dalai Lama.

GOTSANGPA NATSOK RANGDROL, *rgod tshang pa sna tshogs rang grol* (1608-?) Auch als Tsele Natsok Rangdrol bekannt; er war Schüler des berühmten Tertön Jatsön Nyingpo. Als realisierter Meditationsmeister und hervorragender Kenner der Lehren der Kagyu- und Nyingma-Schulen, erhielt er den Namen Gotsangpa (der, der im Geiernest wohnt), wegen seiner langen Phasen der Zurückgezogenheit in den Höhlen und Einsiedeleien des großen Drukpa-Kagyu-Meisters Gotsang Gonpo Dorje. Seine Disziplin war makellos, und es wird gesagt, dass er niemals auch nur einen Tropfen Alkohol gekostet habe.

GUNAPRABHA, *yon tan 'od* (4. Jahrh. v. Chr.) Schüler von Vasubandhu und großer Kenner des Vinaya; er schrieb das berühmte *Vinaya Sutra* (*'dul ba'i mdo rtsa*).

GURU RINPOCHE Der Name, unter dem Guru Padmasambhava, der Lotos-Geborene, allgemein in Tibet bekannt ist. Er wurde von Buddha Shakyamuni als derjenige vorhergesagt, der die Vajrayana-Lehren verbreiten würde. Im achten Jahrhundert von König Trison Detsen nach Tibet eingeladen, gelang es ihm, die buddhistischen Lehren der Sutras und Tantras dort endgültig zu etablieren.

GYALSE THOGME, *rgyal sras thogs med* (1295-1369) Auch als Thogme Zangpo (*thogs med bzang po*) und Ngulchu Thogme (*dngul chu thogs med*) bekannt. Ein großer Sakya-Meister und Abt des Bodang-Klosters; er wurde von allen Schulen für seine Lehren über das Geistestraining verehrt. Er ist der Autor des Textes *Die Siebenunddreißig Handlungsweisen eines Bodhisattva (rgyal sras lag len).*

JAINA, *gcer bu pa* Wörtl.: Nackte Asketen. Ein bedeutendes religiöses System Indiens, das im sechsten Jahrhundert v. Chr. von Jina (deswegen Jaina oder Jain) gegründet wurde, auch als Vardhamana bekannt. Die Jainas oder Jains vertreten ein sehr reines ethisches System, das eine extreme Form von Ahimsa oder Gewaltlosigkeit beinhaltet.

JAMYANG GYAMTSO, *'jam dbyang rgya mtsho* (17??-1800) Einer der Wurzellehrer Shabkars. Er war ein hoch realisierter Meister, der sehr versiert in den Lehren der Nyingma- und Sarma-Traditionen war; er unterwies Shabkar in den Lehren des Geistestrainings und gab ihm viele Übertragungen aus den Zyklen der spirituellen Schätze der Nyingmapas, einschließlich des *Longchen Nyingthig* des Vidyadhara Jigme Lingpa.

JIGME LINGPA, (1730-1798) Einer der bedeutendsten Meister der Nyingma-Schule, Reinkarnation sowohl des Meisters Vimalamitra wie auch des Dharmakönigs Trisong Detsen. Er hatte eine enge Verbindung mit Gyalwa Longchenpa, dem er in einer Reihe bedeutender Visionen begegnete. Sein Dharma-Schatz, *Longchen Nyingthik*, bleibt bis heute das bedeutendste und am häufigsten praktizierte meditative System der Nyingmapa-Schule.

JNANASHRIBHADRA, *ye shes dpal bzang po* Indischer Meister und Autor des Kommentars zum *Lankavatara Sutra*, dem *Arya-Lankavatara-Vritti*, das in der Sammlung des Tengyur enthalten ist.

JNANAVAJRA, *je shes rdo rje* Ein indischer Meister und Autor eines Kommentars zum *Lankavatara Sutra*, dem *Tathagata-hridayalamkara (de bzhin gshegs pa'i snying po rgyan)*, das in der Sammlung des Tengyur enthalten ist.

KADAMPA, *bka' gdams pa* Von Atisha angeregt und von seinem Schüler Dromtön begründet, legt diese Schule das Schwergewicht auf die Bodhichittal-Lehren des Geistestrainings und auf achtsamer Einhaltung von reiner ethischer Disziplin. Sie übte einen entscheidenden Einfluss auf die gesamte tibetische Tradition aus.

KAGYUPA, *bka' brgyud pa* Eine der neuen Übersetzerschulen des tibetischen Buddhismus, gegründet von Marpa, dem Übersetzer (1012-1099). Diese Schule teilte sich anschließend in viele Unterschulen auf, von denen die heute bekanntesten die Karma- (oder Dhakpo) Kagyu, Drikung-Kagyu, Drukpa-Kagyu und Shangpa-Kagyu sind.

KALACHAKRA-TANTRA, *dus 'khor gyi rgyud* Ein Tantra, das der historische Buddha Shakyamuni den König von Shambala, Chandrabhadra (*zla ba bzang po*), einer Emanation von Vajrapani, gelehrt hatte. Es gehört der nicht-dualen Klasse der Anuttara-Tantras an und beschreibt, zusammen mit einem sorgfältig ausgearbeiteten System der Kosmologie, einen vollständigen Weg zur Erleuchtung.

KAMALASHILA, (713-763) Ein Hauptschüler Shantarakshitas und wie dieser ein Vertreter der Yogachara-Madhyamika-Schule. Er wurde nach

Tibet eingeladen, wo er erfolgreich mit dem chinesischen Meister Hoshang Mahayana debattierte und damit den stufenweisen Ansatz der indischen Tradition als Merkmal des tibetischen Buddhismus etablierte.

KANGYUR, *bka' 'gyur* Die kanonische Sammlung von Sutras und Tantras in tibetischer Übersetzung.

KATYAYANA, Ein Schüler von Buddha Shakyamuni. Er erlangte die Verwirklichung als Arhat und verfasste einen Teil der Abhidharma-Lehren.

KHEDRUP JE, *mkhas grub rje dge legs dpal bzang* (1385-1438) Einer der beiden bedeutendsten Schüler (der andere war Gyaltsap Je) von Je Tsongkhapa, dem Begründer der Gelugpa-Schule.

KRISHNAPA, *slob dpon nag po* (11. Jahrhundert); Ein indischer Meister und Lehrer von Atisha.

LANKAVATARA-SUTRA, *lang kar gshegs pa'i mdo* Ein Mahayana-Sutra des dritten Drehens des Dharma-Rades, das nach Gyalwa Longchenpa, Karma Rangjung Dorje, Kongtrul Lodro Thaye und anderen den Lehren über die ultimative (letztendliche) Bedeutung angehört. Chandrakirti klassifiziert dieses Sutra als zu den Sutras mit zweckdienlicher Bedeutung gehörend, wie die Lehre des *Aksayamatinirdesha Sutra*, was jedoch die drei Drehungen des Dharma-Rades nicht erwähnt oder berücksichtigt. Für eine ausgezeichnete Diskussion über dieses Thema, siehe Susan K. Hookham, *The Buddha Within: Tathagatagarbha Doctrin According to the Shentong Interpretation of the Ratnagotravibhaga* (Albany: State University of New York Press, 1991).

LONGCHENPA, *klong chen rab 'byams* wird als der größte Genius der Nyingmapa-Tradition betrachtet, ein unvergleichlicher Meister und Verfasser von über 250 Abhandlungen.

MAHAPARINIRVANA SUTRA, *mya ngan las 'das pa chen po'i mdo* Ein Mahayana-Sutra der letztendlichen Bedeutung, das dem dritten Drehen des Dharma-Rades angehört und die Lehre über die Buddha-Natur (*tathagatagarbha*) darlegt.

MATERIALISTEN oder *CHARVAKAS*, *rgyang 'phen pa* Name der Philosophenschule des alten Indien, die einen materialistischen Nihilismus vertritt. Die Charvakas leugneten das Gesetz von Karma und die Existenz vergangener und zukünftiger Leben.

MILAREPA, *mi la ras pa* (1040-1123) Einer der größten Yogis und Dichter Tibets. Er war einer der wichtigsten Schüler von Marpa dem Übersetzer, der die Kagyu-Linie begründet hat.

NAGARJUNA, *klu grub* Großer Mahayana-Meister des zweiten Jahrhunderts und Begründer des Madhyamika-Denksystems, das eng mit den *Prajnaparamita-Sutras* verbunden ist.

NYAKLA PEMA DUDUL, *nyag bla pad ma bdud 'dul* (1816-1872) Ein bekannter Meister aus Nyarong in Osttibet, der den Regenbogenkörper verwirklicht hat.

NYINGMAPA, oder Alte Übersetzerschule, *rnying ma* Die ursprüngliche Tradition des tibetischen Buddhismus. Ihre Anhänger studieren und praktizieren die Tantras und die damit verbundenen Lehren, die in der ersten Periode zwischen der Einführung des Buddhadharma in Tibet im achten Jahrhundert und der Periode der neuen Übersetzungen, eröffnet von Rinchen Zangpo (958-1051), nach der Verfolgung durch Langdarma übersetzt worden waren.

PATRUL RINPOCHE, *dpal sprul o rgyan 'jigs med chos kyi dbang po* (1808-1887) Ein hoch realisierter Meister der Nyingma-Tradition aus Osttibet; Autor zahlreicher Werke, von denen *Die Worte meines vollendeten Lehrers (kun bzang bla ma'i zhal lung)*, zu den bekanntesten zählt. Er war bekannt für seine nicht-sektiererische Haltung und wurde gerühmt für sein Mitgefühl und die außergewöhnliche Einfachheit seines Lebensstils.

PHAGMO DRUPA, *phag mo gru pa rdo rje rgyal po* (1110-1170) Schüler von Gampopa und der Begründer der Phagdru-Tradition der Kagyu-Schule. Viele seiner Schüler erlangten eine hohe Realisation.

PRATIMOKSHA, *so sor thar pa* Wörtl.: Individuelle Befreiung. Dieser Begriff umfasst die acht Arten buddhistischer Ordinierung (für Mönche wie für Laien) und die damit verbundenen Gelübde und Regeln der Disziplin (einschließlich des zeitlich begrenzten Upavasa-Gelübdes, der Vierundzwanzig-Stunden-Disziplin).

PRATYEKA-BUDDHA, *rang sangs rgyas* Ein „Buddha aus sich selbst"; jemand, der durch Meditation über die zwölf Glieder abhängigen Entstehens die Befreiung vom Leiden erlangt, ohne sich auf einen Lehrer zu stützen. Pratyeka-Buddhas realisieren das Nicht-Selbst der Person und teilweise das Nicht-Selbst der Erscheinungen, aber nicht das des wahrnehmenden Geistes. Es gibt sie nur in Zeiten, in welchen kein Buddha erscheint und die buddhistischen Lehren verloren gegangen sind.

RAKSHASA, *srin po* Eine Klasse von gefährlichen fleischfressenden, nichtmenschlichen Wesen, die in der hinduistischen und buddhistischen Mythologie vorkommen.

RETING TRICHEN, *rwa greng khri chen blo bzang ye shes bstan pa rab rgyas* (1759-1816) Der zweite Thronhalter und Abt des Reting-Klosters, begründet von Atishas berühmtem Schüler Dromtönpa.

SAKYAPA, *sa skya pa* Eine der neuen Übersetzerschulen des tibetischen Buddhismus, begründet von Khön Könchog Gyalpo und mit dem großen Sakya-Kloster verbunden. Die Sakya-Lamas waren eine zeitlang die Herrscher über Tibet.

SARMA, *gsar ma* Die neuen Übersetzerschulen des tibetischen Buddhismus (also Kagyupa, Sakyapa und Gelugpa), die während der Periode, die auf die Verfolgung von Langdarma folgte, gegründet wurden.

SHIKSASAMUCCAYA, *bslabs pa kun las btus pa* Eine von Shantideva zusammengestellte Textsammlung aus bedeutenden Mahayana-Sutras.

SHRAVAKA, *nyan thos* Einer, der die Lehren Buddhas anhört, sie praktiziert und anderen weitervermittelt, mit der Ausrichtung, persönliche Befreiung aus Samsara zu erlangen. Shravakas waren Praktizierende des grundlegenden Fahrzeugs, des Hinayana, das deswegen oft auch Shravakayana genannt wurde.

TAKLUNG THANGPA, *stag lung thang pa bkra shis dpal* Taklung Thangpa (1142-1210), ein Schüler von Phagmo Drupa und Begründer der Taklung-Kagyu-Schule. Er war bekannt für seine Verwirklichung von Mahamudra, die er durch Hingabe erlangt hatte.

TARANATHA KUNGA NYINGPO (1575-1635) Berühmter Gelehrter und der bedeutendste Meister der Jonang-Tradition. Er war der führende Vertreter der Shengtong-Sicht (*gzhan stong*).

TATHAGATA, *de bzhin gshegs pa* Wörtl.: „Der so Gegangene", eine andere Bezeichnung für Buddha oder Buddhaschaft.

TATHAGATAGARBHA, *de bzhin gshegs pa'i snying po* Die Essenz von Buddhaschaft, die lichthaft-klare und leere Natur des Geistes, die, obwohl verschleiert, in allen Wesen seit jeher gegenwärtig ist.

TENGYUR, *bstan 'gyur* Kanonische, ins Tibetische übersetzte Sammlung indischer Kommentare zu buddhistischen Schriften.

TSOGKHAPA, *tsong kha pa* Auch als Lozang Drakpa und Je Rinpoche bekannt, Begründer der Gelugpa-Schule. Er gründete 1410 das Ganden-Kloster. Ein großer Gelehrter, verehrt als Manifestation von Manjushri.

UPAVASA, *bsnyen gnas* Das Vierundzwanzig-Stunden-Pratimoksha-Gelübde, das neun Regeln hat und von Laien genommen wird.

VIDYA-MANTRA, *rig sngags* Mantras werden in drei Arten unterschieden: Vidya-Mantras, Dharani-Mantras und geheime Mantras. Diese Kategorien beziehen sich auf die geschickten Mittel des Mitgefühls, auf die Weisheit der Leerheit und auf deren nichtduale Einheit.

VIMALAMITRA, *dri med bshes gnyen* Einer der größten Meister und Gelehrten des indischen Buddhismus. Er kam im neunten Jahrhundert nach Tibet, wo er lehrte und zahlreiche Sanskrit-Texte übersetzte. Zusammen mit Guru Padmasambhava ist er eine der Hauptquellen der Dzogchen-Lehren Tibets.

VIMALAPRABHA, *dus 'kor 'grel chen dri med 'od* Ein sehr ausführlicher Kommentar zum *Kalachakra-Tantra* und die grundlegende Textquelle für das gesamte Kalachakra-System. Es wurde von einem der Dharma-Könige Shambalas, Kalki Pundarika, geschrieben und existiert noch in Sanskrit.

VINAYA, *'dul ba* Die Sammlung der von Buddha gegebenen Lehren über ethische Disziplin.

VINAYA SUTRA, *'dul ba'i mdo rtsa* Ein Kommentar zu den Vinaya-Lehren von Gunaprabha.

YESHE Ö, *lha bla ma ye shes 'od* Tibetischer König aus der Chögyal-Dynastie. Er übernahm das Königtum in Ngari, Westtibet, unter dem Namen Tsenpo Khore. Später dankte er ab, um Mönch zu werden und wurde als *Lha Lama Yeshe Ö* bekannt. Er bemühte sich, den Buddhismus in seinem Land wieder herzustellen und sandte eine Gruppe von einundzwanzig jungen Männern nach Kashmir, um Sanskrit zu lernen und die Lehren zu studieren. Als Antwort auf seine großzügigen Opfergaben nahm Atisha später seine Einladung an, nach Tibet zu kommen.

Anmerkungen

Einleitung und Überblick

1 Siehe, zum Beispiel, Rabsel Tsariwa, *The Remedy for a Cold Heart* (Chamrajnagar, India: Dzogchen Shri Singha Charitable Society, 2002). Dieses ausgezeichnete Büchlein wurde gratis an die Menschen verteilt, die sich 2002 in Bodhgaya, Indien, für die Kalachakra Einweihung versammelt hatten.

2 Shabkar war ein Spitzname und bedeutet „Weißfuß". Er wurde so genannt, weil, „wo immer er seinen Fuß hinsetzte, das Land weiß von Tugend wurde." Siehe *The Life of Shabkar: The Autobiography of a Tibetan Yogin*, übersetzt von Mathieu Ricard (Ithaca, N.Y., Snow Lion Publications, 2001), xiv, S.433.

3 Eine vollständige Ausgabe von Shabkars Werken wurde kürzlich simultan in Indien (New Delhi: Shechen Publications, 2003), 14 Bände im traditionellen Pecha Format, und in Tibet herausgegeben. (Xining: Mtsho sngon mi rigs dpe skrun khang, 2002 – 3), 12 Bände in Buchformat.

4 Shabkars Autobiographie umfasst die ersten beiden Bände der gesammelten Werke. Der vollständige Titel des ersten Bandes ist: *Snyigs dus 'gro ba yongs kyi skyabs mgon zhabs dkar rdo rje 'chang chen po'i rnam par thar pa rgyas par 'dod rnams kyis re ba skongs ba'i yid bzhin nor bu bsam 'phel dbang gi rgyal po*, im Folgenden als *The King of Wish-Granting Jewels* erwähnt. Dieser Band wurde ins Englische übersetzt. Siehe *The Life of Shabkar*. Alle Zitate in dem vorliegenden Buch sind jedoch unsere Übersetzung.

5 Siehe *The Life of Shabkar*, S.31.

6 Siehe *The Life of Shabkar*, S.452.

7 Siehe *The Life of Shabkar*, S.460.

8 Siehe *The Life of Shabkar*, xxx, n. 53. „Die Nomaden der Hochebenen Tibets sind für ihren Lebensunterhalt weitgehend von Fleisch und anderen Tierprodukten abhängig. Sie sind sich jedoch sehr wohl der Tatsache bewusst, wie bösartig es ist, Tiere zu verletzen und zu schlachten. Es ist daher unter Tibetern eine übliche Praxis, Tiere loszukaufen (*srog bslu*). Buddhisten aus aller Welt kaufen traditionsgemäß Fische, Vögel und andere Tiere auf dem Markt und lassen sie frei. In Tibet sind es oft die Besitzer selber, die gnädig einen gewissen Teil ihres Schlachtviehs verschonen. Im Fall von Schafen und Yaks schneiden sie die Spitze von einem Ohr der Tiere ab und befestigen zum Zeichen, dass das Tier niemals geschlachtet werden darf, einen roten Faden an dem verbliebenen Teil des Ohres; das Tier wird dann mit dem Rest der Herde freigelassen. Üblicherweise fädelt der Besitzer dann alle Ohrspitzen auf, die er auf diese Weise erhalten hat, und bietet sie dem Lama mit der Bitte an, das Verdienst, das durch diese mitfühlende Handlung entstanden ist, zu widmen. Lamas und Laienanhänger geben den Herdenbesitzern oft große Geldsummen und bitten sie, auf die gleiche Weise das Leben einer bestimmten Anzahl von Tieren zu schonen." Shabkar erwähnt auch gelegentlich, dass er den Klöstern eine große Anzahl von Ziegen und Schafen geschenkt hätte, jedoch nur zum Zweck der Woll- und Milchgewinnung.

9 Siehe Philip Kapleau *To Cherish All Life* (Rochester, N.Y., The Zen Center, 1986), zu Buddhas letzter Mahlzeit. Tatsache ist, dass wir einfach nicht genau wissen, was er gegessen hatte.

10 Siehe Kapleau *To Cherish All Life* für eine andere Darstellung dieses Sachverhalts.

11 Die drei Weißen sind Butter, Milch und Yoghurt. Die drei Süßen sind Zucker, Honig und Melasse.

12 Es ist wahrscheinlich, dass, wie auch heute die Hindubevölkerung, die Menschen im alten Indien weitgehend Vegetarier waren. Dass ein Mönch in seiner Bettelschale Fleisch vorfand, kam wahrscheinlich recht selten vor.

13 Siehe *Collected Works of Shabkar*, Band 7 (Ja), *The Emanated Scripture of Compassion* (*snying rje sprul pa´i glegs bam*) New Delhi: Shechen Publications, 1996.

14 Siehe Tulku Thondup, *Masters of Meditation and Miracles: Lives of the Great Buddhist Masters of India and Tibet* (Boston, Shambala Publications, 1996), S.203.

15 Siehe Longchen Yeshe Dorje, *Treasury of Precious Qualities*, übersetzt von Padmakara Translation Group (Boston: Shambala Publications, 2001), S.185 ff

16 Siehe Shantideva, *The Way of the Bodhisattvas*, übersetzt von Padmakara Translation Group (Boston: Shambala Publications, 1997), S.180.

17 Der Mahasiddha bot den Herumstehenden ein paar Löffel voll davon an. Diejenigen, die es annahmen, erlangten die Erleuchtung. Nachzulesen in den Leben der vierundachtzig Mahasiddhas und dem Leben von Tsangnyön Heruka in E. Gene Smith, *Among Tibetan Texts: History and Literature of the Himalayan Plateau* (Boston: Wisdom Publications, 2001) S.59.

18 Siehe Dalai Lama, *The World of Tibetan Buddhism: An Overview of Its Philosophy and Practice* (Boston: Wisdom Publications, 1995), S.112.

19 Siehe Patrul Rinpoche, *Die Worte meines vollendeten Lehrers*, übersetzt von der Padmakara Übersetzergruppe, Arbor Verlag, S.208.

20 Siehe Longchen Yeshe Dorje, *Treasury of Precious Qualities*, S.205 – 6.

21 Die sechs Ornamente sind die indischen Meister Nagarjuna, Aryadeva, Asanga, Vasubandhu, Dignaga und Dharmakirti, die beiden höchsten Meister sind Shakyaprabha und Gunaprabha.

22 Siehe *The Emanated Scripture of Compassion*.

23 *bsgyur ba ldem dgongs*. Siehe Longchen Yeshe Dorje, *Treasury of Precious Qualities*, S.251.

24 Siehe *The Emanated Scripture of Compassion*.

25 Siehe Gyalwa Changchub und Namkhai Nyingpo, *Lady of the Lotus-Born: The Life and Enlightenment of Yeshe Tsogyal*, übersetzt von Padmakara Translation Group (Boston: Shambala Publications, 1999), S.183, wo Yeshe Tsogyal die frühere Einstellung einer ihrer Schüler tadelt.

26 Siehe Matthieu Ricard, *The Collected Writings of Shabkar Tsogdruk Rangdrol (1781-1851)* (New Delhi: Shechen Publications, 2003), ein ausführliches Verzeichnis, das das gesamte Werk begleitet.

27 Siehe S.127.

28 Siehe *The Life of Shabkar*, xv.

29 Zusätzlich zu den hier übersetzten Texten, siehe auch *The Emanated Scripture of Compassion* und T*he Beneficial Sun* (*chos bshad gzhan phan nyi ma*), in *Collected Works of Shabkar*, Band 10 (Tha) (New Delhi: Shechen Publications, 2003).

30 *rmad byung sprul pa'i glegs bam*, in *Collected Works of Shabkar*, Band 8 (Nya) (New Delhi: Shechen Publications, 2003).

31 *The Nectar of Immortality (legs bshad bdud rtsi'i chu rgyun)*, in *Collected Works of Shabkar*, Band 12 (Na) (New Delhi: Shechen Publications, 2003).

Das Unrecht des Fleischessens

1 *dgra bcom pa*, wörtl. Der, der die Feinde zerstört, d.h. die negativen Emotionen.

2 Dieser Vorstellung liegt die Überlegung zugrunde, dass Samen und Ovum (Letzteres wird traditionsgemäß eng mit der Menstruation verbunden) im allgemeinen als unsaubere Substanzen betrachtet werden, die isoliert genommen, für die meisten Menschen abstoßend sind. Wenn die Ursachen als unsauber betrachtet werden, gibt es keinen Grund, das Resultat (also Fleisch) anders zu bewerten.

3 *'phags pa*, „edles Wesen". Das bezieht sich auf jeden, der über die samsarische Existenz hinausgegangen ist: Einen Arhat, einen Pratyekabuddha, einen Bodhisattva mit stabiler Realisation oder einen Buddha.

4 *ma brtags pa*. Alles Fleisch, das achtlos gegessen wird, ohne sich über seine Herkunft Gedanken zu machen.

5 Siehe Seite << zur Lösung des offensichtlichen Widerspruchs dessen, was vorher in dem Abschnitt gesagt wurde.

6 „Dreifach rein" ist eine zusammengefasste Übersetzung. Der tibetische Ausdruck *ma brtags*, *ma bslangs* und *ma bskul* ist schwer zu übersetzen. Wahrscheinlich bedeutet *ma brtags* „nicht am Ohr gezeichnet", was sich auf Tiere bezieht, die für die Schlachtung gekennzeichnet wurden; *ma bslangs* bedeutet wahrscheinlich „nicht genommen", was besagt, dass es nicht gekauft wurde, obwohl es auf drei verschiedenen Märkten angeboten worden war; schließlich könnte *ma bskul* „nicht bestellt" bedeuten, in anderen Worten, nicht von Tieren stammend, die man für ihr Fleisch schlachten ließ.

7 Diese Sutras gehören alle zum dritten Drehen des Dharmarades.

8 Die Bedeutung dieser Passage scheint zu sein, dass Fisch nicht auf der Liste der Nahrungsmittel stand, die Buddha als heilsam bezeichnet hat. Wenn daher Buddha den Verzehr von Fisch erlaubt hätte, einem ungesunden Nahrungsmittel also, würde es keinen Sinn ergeben, andere Nahrungsmittel als gesund zu bezeichnen (Gerste, Melasse, usw.) und damit ihren Verzehr zu befürworten. Es wäre genauso unlogisch, als hätte Buddha empfohlen, unpassende Kleidungsstücke den klösterlichen Gewändern hinzuzufügen. Das scheint der Sinn im Tibetischen zu sein, das an manchen Stellen im Kangyur schwer zu deuten ist.

9 Die vier edlen Pfade sind: Der Pfad der Ansammlung, der Vereinigung, des Sehens und der Meditation.

10 *Saddharmasmrityupasthana-Sutra*.

11 *thugs rje chen po 'khor ba dong sprug gi rgyud*.

12 *phyi mdo dgongs pa 'dus pa*. Eines der Wurzel-Tantras im Anuyoga-Zyklus der Nyingmapa-Schule.

13 *kun 'dus rig pa'i mdo*. Ein Nyingmapa-Tantra, das zu den grundlegenden Tantras im

Anuyoga-Zyklus gehört.

14 *don yod zhags pa´i cho ga zhib mo*, das detaillierte Ritual von Amogha Pasha. Dieses Tantra bezieht sich auf den vierköpfigen Avalokiteshvara.

15 *don yod zhags pa´i snying po.*

16 *mi g.yo ba´i rgyud.*

17 *spyan ras gzigs dbang phyug gi rtsa ba´i rgyud pad ma drva ba.*

18 *theg chen bsdus pa.*

19 Mit Farben, die vielleicht aus Insektenkörpern gewonnen wurden.

20 *lta ba´i ´dod pa mdor bstan pa.*

21 *sgom rim bar ma (Bhavanakrama).*

22 *mi rtog bsgoms don.*

23 *dus khor rgyud ´grel.* Wahrscheinlich der erste Kommentar zum Kalachakra-Tantra von Chandrabhadra, dem König von Shambala, der als Erster diese Lehre empfangen hatte.

24 *rgya cher ´grel.*

25 Eine „Rest-Schuld" ist ein Vergehen, das bewirkt, dass, nachdem man es begangen hat, nur ein Rest der Ordination bleibt. Bevor ein solches Vergehen wieder bereinigt worden ist, wird der betreffende Mönch, bzw. die Nonne, zurückgesetzt, muss also den niedrigsten Platz in der Gemeinschaft einnehmen und bekommt nur die Reste der Gemeinschaftsmahlzeit zu essen.

26 Gemäß Gyalwa Longchenpa und anderen Quellen, stellt das Vidhyadhara-Pitika eine vierte Sammlung von Schriften dar, nämlich die Tantras, die dem Tripitaka (den drei Sammlungen des Abhidharma, Sutra und Vinaya) hinzugefügt wurden.

27 Wahrscheinlich im *Jatakamala.*

28 Das ist das Mantra von Akshobya.

29 *rgyu ´bras bstan pa´i mdo.*

30 *dpe chos rin chen spung ba*, ein Kommentar zum *dpe chos*, einem Kadampa Text von Potowa, einem Schüler von Dromtönpa.

31 *spon slob lo chen.*

32 *bsnyen gnas.* Pratimoksha-Gelübde, das aus neun der zehn Regeln der *Shramanera (Getsul)* Ordination besteht, aber nur für jeweils vierundzwanzig Stunden genommen wird. Siehe Longchen Yeshe Dorje, *Treasury of Precious Qualities*, 198.

33 Vimalaprabha, *dri med ´od.*

34 Das vierte Samaya ist, nicht das grundlegende Gelübde zu brechen, alle Lebewesen zu lieben.

35 Das ist eine annähernde Übersetzung folgender Passage: *´di la mtshungs pa zhig zhun /stu shar po gsum ´khor zhig la byas e chog mi chog na.* Die Bedeutung dieses Abschnittes ist unklar.

36 D.h. Pferde, Esel, Maultiere, usw.

37 Das bezieht sich wahrscheinlich auf Jigme Lingpa, dessen persönlicher Name Khyentse Özer war. Jigme Lingpa starb 1798, als Shabkar siebzehn Jahre als war. Shabkar erhielt die Übertragung des *Longchen Nyingthig* später von Lakha Drupchen, einem Schüler von Jigme Trinle Özer, dem ersten Dodrupchen Rinpoche, der ein direkter Schüler Jigme Lingpas war.

Siehe Tulku Thondup, *Masters of Meditation and Miracles*.

38 *Suhrllekha*.

39 Der Name, unter dem Guru Padmasambhava, der Lotos-Geborene, allgemein in Tibet bekannt ist. Er wurde von Buddha Shakyamuni als derjenige vorhergesagt, der die Lehren des Vajrayana verbreiten würde. Von König Trisong Detsen im achten Jahrhundert nach Tibet eingeladen, gelang es ihm, die Lehren der Sutras und Tantras dort endgültig zu etablieren.

Nektar der Unsterblichkeit

1 Die Sieben-Punkte-Anweisung in stufenweiser Abfolge ist eine Praxis, die eng mit Atisha Dipamkara in Verbindung steht.

2 Das ist die Entscheidung, Verantwortung für alle Wesen zu übernehmen und die Bereitschaft, zu praktizieren – wenn es sein muss ganz allein – bis alle Wesen aus dem Kreislauf des Leidens erlöst sind.

3 Die Praxis der Gleichheit der Wesen und die Praxis des Austausches wird von Shantideva im *Bodhicharyavatara* erklärt. Siehe Shantideva, *The Way of the Bodhisattva*, S. 187.

4 *phra men pha und phra men ma*: Männliche und weibliche Ungeheuer mit menschlichen Körpern und Tierköpfen.

5 *bcom ldan 'das rnam par snang mdzad mngon par byang chub pa'i rgyud.*

6 Das war wahrscheinlich zu Shabkars Zeit der Fall; der Tee, den er kannte, kam jedenfalls aus China.

7 *dmigs gsal gyi gnang ba brgya dgos na stong yod.*

8 „Die Shravakas, die Fleisch essen, sind nicht meine Schüler, und ich bin nicht ihr Lehrer. In kommenden dekadenten Zeiten werden von Dämonen Besessene behaupten, dass ich, ihr Lehrer, den Fleischverzehr gestattet hätte."

9 In anderen Worten, zeigt die Unterweisung lediglich, wie angesammeltes schlechtes Karma gereinigt werden kann. Sie gilt nicht als ein geschicktes Mittel, das einem gestattet, weiterhin mit demselben negativen Verhalten fortzufahren.

10 *gya za lar.*

11 Für die geldliche Unterstützung religiöser Zeremonien, siehe Melvyn C. Goldstein, *A History of Modern Tibet, 1913-1951: The Decline of the Lamaist State* (Berkeley: University of California Press, 1989), S.34.

12 Die Vision unendlicher Reinheit ist eine der höchsten Realisationen der Tantras.

13 Mit großer Wahrscheinlichkeit Atisha und Dromtönpa.

Bibliographie

BALSYS, BODO. *Ahimsa – Buddhism and the Vegetarian Diet*, Munshiram Manoharlal Publications, 2004.

BODHIPAKSA. *Vegetarianism*, Windhorse Publications, 1999.

CARMAN, JUDY. *Peace to all Beings – Veggie Soup for the Chicken's Soul*, Lantern Books, 2003.

CHATRAL RINPOCHE. *Compassionate Action*, Snow Lion, 2007.

DAHLKE, RUEDIGER, *Peace Food: Wie der Verzicht auf Fleisch und Milch Körper und Seele heilt*, Gräfe und Unzer, 2011.

DALAI LAMA. *The World of Tibetan Buddhism: An Overview of Its Philosophy and Practice*, Wisdom Publications, 1995.

DREWERMANN, EUGEN. *Über die Unsterblichkeit der Tiere*, Patmos, 2008.

FOER, JONATHAN SAFRAN. *Tiere essen*, Fischer, 2012.

JAMGON KONGTRUL LODRO THAYE. *The Essence of Benefit and Joy – A Method for Saving Lives*, City Publications, 2000

GAMPOPA. *Juwelenschmuck der Befreiung*, Tashi-Verlag, 2005.

KAPLAN, HELMUT. *Ich esse meine Freunde nicht, oder warum unser Umgang mit Tieren falsch ist*, Trafo-Verlag, 2009.

KAPLAN, HELMUT. *Leichenschmaus – Ethische Gründe für eine Vegetarische Ernährung*, BOD, 2011.

KAPLAN, HELMUT. *Der Verrat des Menschen an den Tieren*, Vegi-Verlag 2007.

KAPLAN, HELMUT. *Die ethische Weltformel. Eine Moral für Menschen und Tiere*, Vegi-Verlag, 2003.

KAPLEAU, PHILIP. *Cherish All Life – A Buddhist Case For Becoming Vegetarian*, The Zen Center, Rochester.

KARMAPA, OGYEN TRINLEY DORJE. *Die Zukunft ist jetzt – 108 Ratschläge, um einer bessere Welt zu schaffen*, Sequoyah Verlag / Edition Mandarava, 2009.

KARMAPA, OGYEN TRINLEY DORJE. *Die Reise auf dem Pfad des Mitgefühls – Unterweisungen zu den 37 Handlungen eines Bodhisattva*, Sequoyah Verlag / Edition Mandarava, 2012.

KARREMANN, MANFRED. *Sie haben uns behandelt wie Tiere: Wie wir jeden Tag mühelos Tiere schützen können*, Höcker-Verlag, 2006.

KREISLER, KRISTIN. *The Compassion of Animals – True Stories of Animal Courage and Kindness*, Prima Publishing, 1997.

KRONBERG, MARSILI. *Wie ich verlernte, Tiere zu essen*, Echo Verlag, 2011.

KUPFER-KOBERWITZ, EDGAR. *Die Tierbrüder: Eine Betrachtung zum ethischen Leben*, Höcker-Verlag, 2010.

LIEBERS, ANDREA. *Ein bärenstarker Geist, Ethik für Kinder – buddhistisch inspiriert*, Sequoyah Verlag, 2008.

MESSINGER, NINA. *Du sollst nicht töten! - Plädoyer für eine gewaltfreie Ernährung*, Smaragd Verlag, 2011

NGAWANG, GESHE THUBTEN. *Mit allem verbunden - Geistesumwandlung im Mahayana-Buddhismus*, Diamant-Verlag, 2005.

PAGE, TONY. *Buddhism and Animals - A Buddhist Vision of Humanity's Rightful Relationship with the Animal Kingdom*, Ukavis Publications, 1999.

PATRUL RINPOCHE. Die Worte meines vollkommenen Lehrers, Arbor-Verlag, 2006.

PATTERSON, CHARLES. *Eternal Treblinka - Our Treatment of Animals and the Holocaust*, Lantern Books, 2002.

PHELPS, NORM. *The Great Compassion - Buddhism & Animal Rights*, Lantern Books, 2004.

PHURBU TASHI. *Lamp of Scriptures and Reasoning - A Tibetan Buddhist Perspective on the Faults of Eating Meat*, Vajra Publications, 2011.

RADISCH, IRIS & RATHGEB, EBERHARD. *Wir haben es satt - Warum Tiere keine Lebensmittel sind.* Residenz-Verlag, 2011.

RINGU TULKU. *Die RI-ME Philosophie des Großen Jamgön Kongtrul*, Sequoyah Verlag / Edition Mandarava, 2012.

RINGU TULKU. *Geistestraining: Ein Weg der Transformation*, Edition Steinreich, 2011

RINGU TULKU. *Path to Buddhahood: Teachings on Gampopa's Jewel Ornament Of Liberation*, Shambala, 2003.

SHABKAR. *Das Leben des Shabkar - Autobiografie eines tibetischen Yogi*, Manjughosha-Edition, 2011.

SHABKAR. *Der Flug des Garuda*, Übers. Keith Dowman, Theseus, 1994.

SHABKAR & DOUCHE, JIGME. *Tibetische Lieder*, O.W.Barth Verlag, 2002

SHABKAR TSOGDRUK RANGDROL. *The Collected Works*, Shechen Publications, 2003.

- vol.1(Ka),"*The King of Wish-Granting Jewels, the Autobiography of Shabkar Tsogdruk Rangdrol*" *(snyigs dus'gro ba yongs kyi skyabs mgon zhabs dkar rdo rje' chang chen po'i rnam par thar pa rgyas par bshad pa skal bzang gdul bya thar' dod rnams kyi re ba skong ba' i yid bzhin gyi nor bu bsam' phel dbang gi rgyal po).*

-vol.7(Ja),"*The Emanated Scripture of Compassion*"*(snying rje sprul pa'i glegs bam).*

-vol.8(Nya),"*The Wondrous Emanated Scriture*"*(rmad byung sprul pa'i glegs bam).*

-vol.9(Ta),"*The Emanated Scripture of Pure Vision*"*(dag snang sprul pa'i glegs bam).*

-vol.10(Tha),"*The Beneficial Sun*"*(chos bshad gzhan phan nyi ma).*

-vol.12(Na),"*The Nectar of Immortality*"*(legs bshad bdud rtsi'i chu rgyun).*

SHANTIDEVA. *Die Lebensführung im Geiste der Erleuchtung - Bodhicharyavatara*, Theseus, 2004

SINGER, PETER. *Animal Liberation - Die Befreiung der Tiere*, Rowohlt, 1996

SMITH, E. GENE. *Among Tibetan Texts: History and Literature of the Himalayan Plateau*, Wisdom Publications, 2001.

TSANG NYÖN HERUKA. *Milarepa, Herr der Yogis – Das Leben von Jetsün Milarepa*, aus dem Tibetischen von Thomas Roth, Sequoyah Verlag 2006.

TSARIWA, RAPSEL. *The Remedy for a Cold Heart*, Dzogchen Shri Singha Charitable Society, 2002.

THONDUP, TULKU. *Masters of Meditation and Miracles: Lives of Great Buddhist Masters of India and Tibet*, Shambala Publications, 1996.

WALSH, MAURICE. *The Long Discourses of the Buddha – A Translation of the Digha Nikaya*, Wisdom Publications, 1995.

WALTERS, KERRY & PORTMESS, LISA (Ed.). *Religious Vegetarianism – From Hesiod to the Dalai Lama*, State University of New York Press, 2001.

YESHE, LAMA THUBTEN. *Allumfassende Liebe – Die Yoga Methode des Buddha Maitreya*, Diamant-Verlag 2003

ZOPA, LAMA THUBTEN. *Mitgefühl – Heilkraft für Körper und Geist*, Diamant-Verlag.

Webseiten zum Thema

BUDDHISMUS UND VEGETARISMUS: www.shabkar.org
BUDDHISMUS UND TIERSCHUTZ: www.allewesen.org
MENSCHEN FÜR DIE ETHISCHE BEHANDLUNG VON TIEREN: www.peta.de
JANGSA ANIMAL SAVING TRUST: www.animalsavingtrust.org
SOJIN – GIVING LIFE: http://www.sojin.org
HOW TO DO ANIMAL RIGHTS: www.animalethics.org.uk
TIBETAN VOLUNTEERS FOR ANIMALS: www.semchen.org
UNIVERSAL COMPASSION MOVEMENT: www.universalcompassion.org

Wichtige Filme zum Thema

„EARTHLINGS" von NationEarth: www.earthlings.com
Der 95-minütige Film ist auch auf Youtube zu sehen.
„UNITY" 2. Teil der Trilogie von NationEarth, 2012.

Dalai Lama: „Als ich als Junge Buddhismus in Tibet studierte, wurde mir die Bedeutung einer sorgenden Einstellung allen fühlenden Wesen gegenüber gelehrt, allem Lebendigen gegenüber, das einen fühlenden Geist hat. Kein fühlendes Wesen möchte Schmerz erleiden, und alle möchten Glück erfahren; auf grundlegender Ebene teilen wir alle diese Gefühle. Wie „UNITY" klar macht: Aufgrund unserer wechselseitigen Abhängigkeit, je mehr wir für das Wohlbefinden anderer sorgen, seien es Menschen, Tiere oder die Umwelt selbst, umso tiefer wird unsere Erfüllung sein."

Eine Petition aus dem Reich der Tiere

Ihr denkt: „Und jetzt ein leckeres Stück Fleisch, gekocht mit
aromatischen Gewürzen..."
für uns aber bedeutet das Entsetzen und einen furchtbaren
Todeskampf,
wenn ihr in einem Inferno brennenden Feuers
unser uns teures Leben aus unserem uns teuren Körper treibt.
Denkt doch einen Augenblick nach –
Ihr kocht uns tatsächlich bei lebendigem Leib.

Ihr habt alle schreckliche Angst vor einem Krieg mit Irak
und fürchtet, es könnte einen dritten Weltkrieg geben –
Ja, das ist ein Grund für Angst,
doch wir werden stets von viel größeren Ängsten gequält.

Ach, ihr klugen Menschen, hört uns einen Augenblick lang zu:
Wenn ihr wirklich von Hungersnöten heimgesucht werdet
und so unter Armut leidet, dass ihr kein Stückchen Bekleidung habt,
dann – auch wenn für uns unser Leben so kostbar ist wie für euch
eures –
opfern wir euch gern unseren Körper und unser Leben.
Doch wenn nicht, gewährt uns aus Freundlichkeit und Liebe
nur das:
Die Freiheit, in Frieden an Orten ohne immerwährende Angst
und Furcht zu leben!

Möge die Idee des Friedens mühelos im Geist aller Lebewesen
unter, auf und über der Erde entstehen,
so dass die Morgenröte des Friedens anbrechen kann.

Möge alle Bösartigkeit und Aggression besänftigt werden
und sich von alleine auflösen.

Da alle Wesen ohne Ausnahme, ob groß oder klein,
nur den einen Wunsch haben, glücklich zu sein
und nicht leiden zu müssen,
mögen sie die Quelle des Glücks finden:
Mitgefühl und liebende Güte.
Und mögen sie frei sein von Aggression und Grausamkeit,
der Quelle des Leidens.

Hochachtungsvoll die Euren,

Hummer, Schnecken, Krebse, Frösche,
Fische, Schafe, Kühe... und P.W.

Verfasst von Pema Wangyal Taklung Tsetrul Rinpoche,
2003, zu Beginn des Irak-Kriegs.

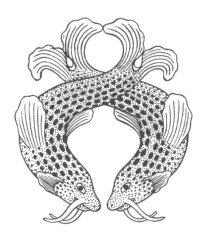

Aus: *Lied meines Ratschlags, das Fleischessen aufzugeben*

Von Nyala Pema Dudul (1816 – 1872),
einem großen Dzogchen-Meister,
der 1872 den Regenbogenkörper erlangt hatte.

.... in diesem Augenblick erschien vor mir im Himmel
der Große Mitfühlende (Avalokiteschvara) und sagte:
„Ema! Mein Sohn, viele Leben lang bist Du mir nahe gewesen,
nun höre wohl, der Du über Eifer und Entschlusskraft verfügst!
Du hast Unterweisungen empfangen über die Aufbauphase des
    Gottheiten-Yoga und hast sogar einige Qualitäten entwickelt,
Aber die Wurzel des Dharma liegt in liebender Güte und Mitgefühl.
Hast Du wirkliche Liebe und Mitgefühl in Dir?
Wie kommt es nur, dass jemand, der sich in Mitgefühl geübt hat,
    Fleisch isst?
Sieh Dir nur an, wieviel Leid Fleischessen hervorruft!
Die Resultate unserer eigenen Handlungen werden reifen und
    nur uns selbst zukommen,
Und es gibt nichts, was die Buddhas der drei Zeiten dagegen tun
    könnten.
Fleischessen ist bar aller Qualitäten und bringt viele Fehler und
    Störungen mit sich,
es ist der Ursprung von vierhundert Formen von Krankheiten,
    achtzigtausend blockierenden Kräften und vierundachtzigtausend
    störenden Emotionen.
Außer es ist Teil des furchtlosen Verhaltens von jemandem,
Der allem, was ihm begegnet, zum Nutzen und Wohl gereicht,
Oder es dient als Medizin oder als heilige Substanz des höchsten
    geheimen Mantra; ansonsten bringt der Verzehr von Fleisch nicht den
    kleinsten Tropfen an tugendvollen Qualitäten mit sich.
Es wird einzig so sein, dass Deine Disziplin verfallen wird und

negative Emotionen sich vermehren werden,
Und es wird Dir an Saat und Nährboden mangeln,
an uneigennütziger Liebe und Mitgefühl,
Und daher wirst Du nur schwer die Frucht, die Essenz des Erwachens
erlangen.
Fleischesser werden nicht von den Weisheitsgottheiten begleitet,
Sie werden ohne Segnungen, Siddhis, Glücksverheißung und
Aktivität sein.
Das Wesentliche der Nächstenliebe wird sich in jenen, die Fleisch
essen, nicht entwickeln,
Und Götter und Nagas werden sie wahrscheinlich als Dämonen sehen.
Fleischesser werden von Ghandarvas, Rakshasas und Maras umgeben
sein, von Herren des Todes, von Geistern und astralen Wesen, von
Gyalongs und von Samaya-brechenden Dämonen.
Und das Resultat von Fleischessen:
Es wird zu Wiedergeburt in den Höllen führen,
Oder als ein Vogel, als Schakal oder kannibalischer Dämon.
So bringt Fleischessen grenzenloses Leid mit sich.
Wenn Du Dich aber abkehrst davon, wirst Du frei sein von all
diesen Störungen und Fehlern,
Und Du wirst immer verehrt werden von nicht-menschlichen Wesen,
Die Dich als reinen Brahmanen oder Gott wahrnehmen werden.
Alle Buddhas und Bodhisattas der zehn Richtungen,
Gurus, Yidam-Gottheiten und Dakinis werden sich um Dich wie
Wolken versammeln
Und insbesondere wirst Du von männlichen und weiblichen
Bodhisattvas begleitet werden.
Ganz natürlich wirst Du die Ursache von liebender Güte und von
Mitgefühl besitzen,
Und rasch wirst Du das Ergebnis erreichen, welches die Essenz des
Erwachens ist.
Dies sind bloß einige der unfassbaren tugendvollen Qualitäten,
die erlangt werden."

Shabkar
Tsogtruk Rangdrol

Zur Zeit des Buddha war er Avalokiteshvara,
Im Lande Indien war er Manjushrimitra,
In Zentral-Tibet war er Drenpa Namkha,
In der Kagyü-Tradition war er Milarepa,
In der Kadampa-Linie war er der glorreiche Gyalse Thogme,
Und in der Ganden-Linie war er Je Lodrö Gyaltsen,
Als nicht-sektiererische Antwort auf die Bedürfnisse der Wesen
Manifestierte er sich als Thangtong Gyalpo.
Nun ist er der Beschützer der Wesen, Shabkarpa.
In Gegenwart der Herren der Fünf Buddha-Familien,
In „Wahrer Freude" und in jedem anderen Reinen Buddha-Feld
Wird er in der Zukunft ein Höchster Sohn sein
Und all jene, die mit ihm eine Verbindung herstellten,
Ins Reine Land ihrer Wünsche bringen.

Aus: Das Leben des Shabkar

Shabkar wird grundlegend als eine Emanation von Avalokiteshvara (tibet. Chenrezig) betrachtet;

Im 6. Jhd. manifestierte er sich in der Nyingma-Tradition als der große Dzogchen-Meister Manjushrimitra, direkter Schüler von Garab Dorje;

im 8. Jhd. als der verwirklichter Bönpo-Mmeister Drenpa Namkha, bevor er buddhistischer Mönch und einer der 25 Hauptschüler von Padmasambhava wurde;

im 11./12. Jhd in der Kagyü-Tradition als Tibets großer Yogi und Poet Jetsün Milarepa;

im 14. Jhd. als Gyalse Thogme, als herausragender Gelehrter der Sakya-Tradition, ein Bodhisattva außerordentlichen Mitgefühls und großer Praktizierender in der Kadampa-Linie, der den berühmten Text: „Die 37 Handlungen eines Bodhisattva" verfasste;

im 15. Jhd. als Lodrö Gyaltsen in der Ganden (Gelukpa)-Linie als Schüler von Je Tsonkhapa, – er war Autor vieler bedeutsamer Belehrungen zur Lojong-Praxis; und

im 14./15. Jhd. als Thangtong Gyalpo, „König der leeren Ebene": Der berühmte tibetische Siddha praktizierte und lehrte die buddhistischen Lehren aller Traditionen, mit einem persönlichen Schwergewicht auf den „Nördlichen Schätzen" der Nyingma-Tradition und den Shangpa-Kagyü-Lehren, die er in drei Visionen von der Weisheits-Dakini Niguma übertragen bekam. Von ihm wurde das viel praktizierte Chenrezig-Sadhana, die Praxis auf das Große Mitgefühl, verfasst.

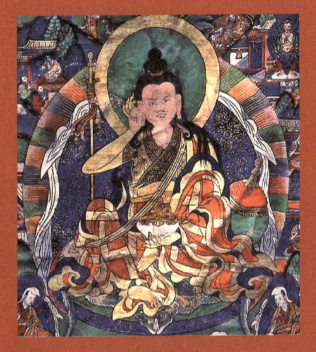

Shabkar Tsogdruk Rangdrol

Aus: Das Wohl, das aus dem Retten von Leben entsteht

..... Hinter allen Lehren der Drei Yanas gibt es eine Tatsache von kardinaler Bedeutung: Dass auf dieser Erde ein Mensch keine größere Sünde begehen kann als einem anderen Lebewesen das Leben zu nehmen. Und das beinhaltet, dass es keine größere Quelle des Ansammelns von Verdienst gibt als Leben zu retten.

Um wirklichen Frieden und Glück in dieser Welt zu erreichen, muss man nur dem Pfad von *ahimsa* – der Gewaltlosigkeit – folgen, der allen Religionen dieser Welt gemeinsam auf natürliche Weise zugrunde liegt. Wenn wir nicht wünschen, Erfahrungen von Schmerz oder Leid welcher Art auch immer zu machen, wie können wir erwarten, dass irgendein anderes Geschöpf – ob groß oder klein – das anders empfindet?

Es gibt kein besseres an den Buddha gerichtetes Gebet, keine bessere Opfergabe und Verehrung als es ganz und gar zu unterlassen, irgendeinem Mitmenschen oder Tier, irgendeinem Vogel, Fisch oder Insekt das Leben zu nehmen. Zu versuchen, jegliches Leben vor unmittelbarer Gefahr zu schützen oder zu versuchen, Leid und Schmerz von Wesen zu lindern, ist ein Schritt weiter in der aktiven Praxis der Liebe anderen Lebenwesen gegenüber.

Der nächste logische Schritt in dieser Richtung ist es, Gebete für jene zu sprechen, die aufgrund gedankenloser Grausamkeit von jemandem sterben. Einem solchen Weg zu folgen führt ganz von selbst dahin, dass Konflikte oder Hindernisse in uns selbst, so vorhanden – sich auflösen – es erzeugt spontanes Glücklichsein und schenkt völligen inneren Frieden. Wenn Deine Taten aus aufrichtiger Reinheit des Herzens kommen und von Selbstlosigkeit durchdrungen sind, werden sie Dir auf längere Sicht ermöglichen, Erleuchtung zu verwirklichen.

Von Chatral Rinpoche, Sangye Dorje (geb. 1913)

„Dein oberstes Ziel
muss sein,
in deinem Herzen eine solche Liebe
zu erzeugen und zu nähren,
dass der Schmerz anderer
dir unerträglich ist.
Tu dies, bis echtes Mitgefühl
spontan und natürlich
in dir entsteht."

Shabkar

Bilder von Einsiedeleien Shabkars in Amdo, am Amnye Machen
(„Schneebedeckter Berg", 6200 m) gelegen, dem bedeutendsten
heiligen Berg Osttibets.